Iwanami Junior Start Books ジュニスタ

コミュニケーションの準備体操

Hyodo Tomohiko
兵藤友彦
Murakami Shinichi
村上慎一

岩波書店

この本の内容

◎この本は、コミュニケーションの実用書です。

◎読み進めるうちに「コミュニケーション」という、よく耳にするわりには、なんだか意味がはっきりしないものの正体がわかります。

◎レッスン形式になっています。読むだけでもよし、実際にやってみるとすぐに役立つコミュニケーション力が身につきます。

◎「ことば以前のコミュニケーション」、「ことばによるコミュニケーション」の2部に分かれています。興味のある方から読んでください。できることなら、「ことば以前のコミュニケーション」から読むと、コミュニケーションについて、しっかりとわかると思います。

◎各部のおわりに、内容をまとめたページをつけました。手っ取り早く内容を知りたい人は、「この部のまとめ」から読むとよいかもしれません。

◎本のおわりに、中学生のみなさんへメッセージを書きました。よかったら読んでください。この本を書いた理由がよくわかると思います。

◎最後に一つ。コミュニケーションするには、相手が必要です。誰《だれ》かといっしょにやったり、相談したりしながら読み進むと効果倍増です。

目次

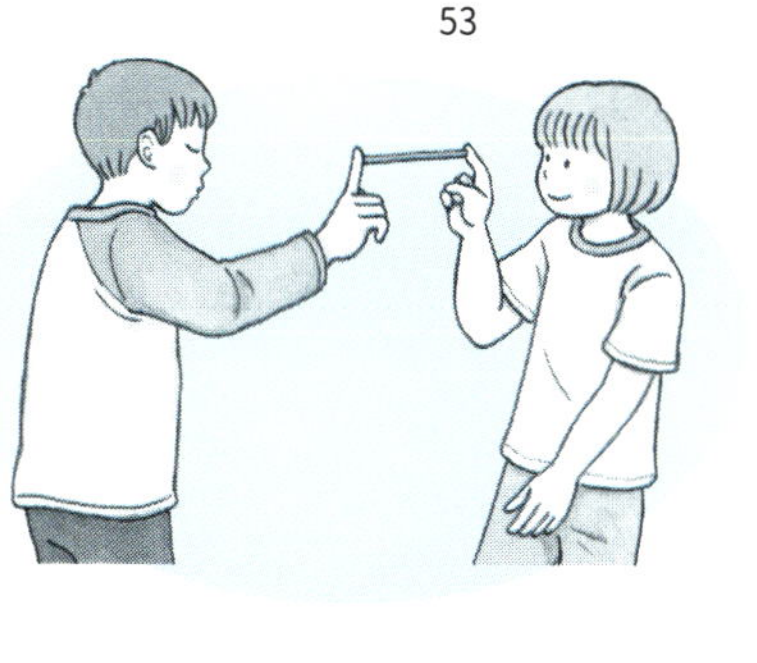

2部 ことばによるコミュニケーション …… 71

イラスト：藤原ヒロコ（74頁のイラストは除く）

手紙1◉村上先生から兵藤先生へ

兵藤　様

一緒《いっしょ》にコミュニケーションについて中学生に伝えましょう。このことを考えるにあたって、少し思いついたことがあります。

コミュニケーションには、相手に自分の思い、考えなどのメッセージを届けることが必要ですよね。そのメッセージを受け取った側が、それに対する思いや考えを返すとともにコミュニケーションは始まります。このとき、互《たが》いに自分の思いや考えを届けるためには「表現」が必要になります。

何を当たり前のことをと、思われたかもしれません。ここで思うのです。なかなかコミュニケーションがうまくいかない原因の一つは、「表現」にいたらない行為《こうい》やことばがあるためではないかと。

たとえば、こういうことです。

誰《だれ》かとの関係でものすごく辛《つら》いこと、悲しいことがあって、涙《なみだ》が止まらなくなって、「かなしい」「くやしい」と一人トイレで呟《つぶや》き続ける。

こういうこともあります。

誰《だれ》かと話している最中に、突然《とつぜん》、「くそ！」と呟《つぶや》いて、机をたたき、その場をすごい勢いで立ち去ってしまい、戻《もど》ってくることもなく、話し相手を唖然《あぜん》とさせる。

もちろんこのような行為《こうい》は「表現」と言いません。おわかりですよね。この行為は「表現」と区別されて、「表出《ひょうしゅつ》」と言うことがあります。「表出《ひょうしゅつ》」は、自分だけに向けられた行為《こうい》であることが多いため、誰《だれ》かに思いや考えを伝えようとは思っていませんよね。だから、ほとんどの場合、コミュニケーションになりません。

ただ、この「表出《ひょうしゅつ》」という行為《こうい》にも意味はあります。涙《なみだ》をこらえて黙《だま》って耐《た》えるよりも、自分自身がいやされるという効果があることはわかっています。机をたたいて怒《いか》りをあらわにした方が、怒《いか》りをおしとどめて我慢《がまん》するよりストレスをため込《こ》まなくて済むようにも思います。

あるいは、本人にそのつもりがなくとも、その行為《こうい》を見たり知ったりした誰《だれ》かに、その人の気持ちが伝わってしまうということはあるでしょうね。その結果、相手の行動に変化が起きるということもありえるでしょうね。

話を戻《もど》しましょう。私が思いついたことというのは、コミュニケーションというのは、自分の思いや考えを互《たが》いに伝え合う行為《こうい》ですので、「表現」のレベルまで行為《こうい》やことばをもっていく必要があるということです。

幼子は、なかなか「表現」できませんよね。「わーん!」と泣きわめいて、足をバタバタさせること=「表出《ひょうしゅつ》」をして大人に自分の気持ちを察してもらうようなことが多いのだと思います。しかし、いま大人へと成長している人たち、中学生は、「表出《ひょうしゅつ》」だけでは済みません。「表現」ができるようになることが「絶対的に」必要なのではないかと思うのです。

「絶対的に」などと強いことばを使いました。人間の人間たるゆえんとかかわる大切な問題だと思うからです。生物としてヒトは、他の人がいることで人間になります。少なくとも、もう一人いなければ、人間というときの

「間」はできませんからね。つまり「表現」してコミュニケーションが取れるようになり、関係をもつことができて、初めてヒトは「人間」になれるのだと思います。

私たち大人は、成長の途上《とじょう》にある人たちが「人間」になるためにはどうしたらよいか、そこからコミュニケーションの意味を考えるべきではないでしょうか。

村上慎一

手紙2◉兵藤先生から村上先生へ

村上先生

何かを考える、しかも全体重をかけるようにして考える。そんなときには、まず、自分の拠《よ》って立つところを確かめることから始めます。そんな癖《くせ》が、いつの間にかついてしまいました。

わたしは狭《せま》い人間ですから、コミュニケーションについて考えるとき、拠《よ》って立つところは、次の三つ以外には思いつきません。

三〇手前からずっと関わってきた演劇というジャンル。

四〇歳《さい》過ぎから、毎週毎週、全国各地で行ってきた演劇表現というレッスン。

そして、今に至るまで、かれこれ二〇年以上も勤めることになった、昼間《ちゅうかん》定時制高校での、教員としての活動と出会った生徒たち。

この三つから得た考えや思いは、掛け値なしにわたしという人間の血肉の通ったもので、借り物だったり、口先だけのものでは決してないと自信をもって言うことができます。

ことばだけ達者な人間、どこかで聞いたり読んだりしたことを、あたかも自分が考えたことのように、ことば巧《たく》みに言い募《つの》る大人なんて、いくらでも見てきました。それこそウンザリするほどです。

でもね、先生。そんなペラペラのことばは、わたしが接してきた高校生たちには、てんで通用しないのです。彼《かれ》らは、そのインチキ具合を瞬時《しゅんじ》に見抜《みぬ》いてしまうのです。そうしてパタッと耳を閉ざすのです。

すごくないですか？

借り物のことばを偉《えら》そうにしゃべる大人を見抜《みぬ》くことに関しては、一〇代の人間は抜群《ばつぐん》の嗅覚《きゅうかく》を持っているのです。

だから怖《おそ》ろしいんです。知ったかぶりを書いたり、話したりするのは。だから確かめるんです。これはホントに骨身に沁《し》みてわかっていたり、思っていたりすることなのかって。

前置きが随分《ずいぶん》長くなりました。

高校の教員をしていると、年明けの二月三月は入試のシーズンですよね。わたしは国語の教員ですから作文の採点をします。この頃《ごろ》、「高校生になったらコミュニケーション力を伸《の》ばしたい」と書いてある答案がうんと増えました。コミュニケーション、コミュニケーション、コミュニケーション……。どれだけ答案をめくってもこのことばが出てきます。中学生にとって、「コミュニケーション力」は、それほど身につけたいチカラなのかと妙《みょう》に感心すると同時に、コミュニケーションというものに対して、よっぽどコンプレックスを抱《いだ》いているのだなあと、ちょっぴり暗い気分にもなります。

無事入学した生徒に訊《き》いてみます。

「コミュニケーション力ってなんだと思う？」

ほとんどの生徒が、上手に話すチカラと答えます。そうして自分は、口下手で、人が怖《こわ》くて、親しくない人と面と向かうと、上手く話せないのだと恥《は》ずかしそうに教えてくれます。

なんか変じゃないですか？　彼《かれ》らは、口先ばかりのことばを巧《たく》みに操る人間には、信用置けない、インチキ野郎《やろう》だと耳を閉ざすのに、自分もことばを巧《たく》みに操れる人間になれたらと願っているのですから。

演劇をやっていると、口下手だけどムチャクチャ魅力的《みりょくてき》で、周りに大勢の人が集まってくる人間と出会うことがあります。彼《かれ》らは、コミュニケーション力が低いのでしょうか。わたしは決してそうは思いません。

わたしはね、先生。コミュニケーション力＝上手く話すこと、と思い込《こ》んで、必要以上にコンプレックスを抱《いだ》いている若い人に向かって、上手く話すチカラなんて、コミュニケーション力のほんの一部なんだよ、と声を大にして言いたいのです。そうして、若い人たちと、コミュニケーションって一体何なんだよ、という、そもそものところから、改めて考えてみたいのです。

まずは、わたしが考えるところのコミュニケーションについて、骨身に沁《し》みたことばで記します。

先生といっしょに「そもそものコミュニケーション力」を考える機会ができたこと、大変うれしく思います。

兵藤友彦

1部

ことば以前のコミュニケーション

僕《ぼく》らはかつて不登校だった。

学校に行けなかった。

人が怖《こわ》くて外に出られなかった。

自分が嫌《きら》いで、でも本当はかわいくて仕方なく、周りを認められず、自分のなかに閉じこもった。

君も僕《ぼく》も、今は学校に行っている。

こんなふうに制服を着て、クラスメートや部活の友だちと、喋《しゃべ》ったり、ジュースを飲んだりしている。

でも、本当にそうか。

本当に君は今、誰《だれ》かと一緒《いっしょ》にいるのか。


――兵藤友彦「Ｍａｋｉｎｇ ｏｆ「赤い日々の記憶」」

『奇跡の演劇レッスン』より

はじめに

コミュニケーションの本を書くことにしました。

生きている限り、人との交わりは避《さ》けられません。どれほど煩《わずら》わしくても、シンドくても、人の間で生きていかなければなりません。世間と交わって、少なくとも、自分一人の身の始末をつけられるようにならないといけません。

それがこの世の中で生きるということです。

君はどんな人ですか。

ぼっちは嫌《いや》。でも人は苦手だし、人付き合いは面倒ください。

そういう人、たくさんいます。

もし君がそういう人なら、ぜひこの本を読んでください。

君が、人の間で生き抜《ぬ》いてゆけるよう、わたしはこの本を書きました。

わたしは高校の教員として生きてきました。三〇年以上になります。現在いる学校には二〇年以上勤めています。国語と、「演劇表現」という授業を受け持っています。

今の学校は昼間《ひるま》の定時制の高校です。

定時制というと、夕方から始まる学校というイメージがあるかもしれませんが、昼間《ひるま》の定時制ですから、授業も朝から始まって夕方までです。制服もあります。パッと見、全日制の高校と何ら変わりはありません。

いろんな生徒が通ってきています。在校生の約六割は、中学校や前の高校で不登校を経験した生徒たちです。この頃《ごろ》では外国籍《がいこくせき》の生徒たちも増えてきました。

長い間、昼間定時制《ちゅうかん》に通う生徒と接する中で、コミュニケーションについて考えざるを得ませんでした。そうして目の前にいる生徒たちに、生き抜《ぬ》いてゆく武器となるような、〝本当のコミュニケーション力〟を身につけてもらいたいと願わないではいられませんでした。

その思いを形にしたのが、「演劇表現」という授業なのです。

この本の1部「ことば以前のコミュニケーション」は、およそ二〇年にわたる「演劇表現」の授業に基づいて書きました。

コミュニケーション力≠おしゃべり上手

コミュニケーション力とは何でしょうか。

コミュニケーションの力とは、上手く話す／書く力のことではないと、わたしは考えます。

口が達者な不登校経験者など、この二〇年間でいくらでも見てきました。逆に、口下手でも周りの人間と上手くやって、世の中を渡《わた》って行けるようになった元・不登校生徒もたくさん見てきました。

では改めて。コミュニケーションの力とは何でしょう。

コミュニケーション力とは、その大元《おおもと》は、**意識の向き**だとわたしは断言します。

意識の向きを、「自分」だけではなく、他者へ向ける習慣を身につける。

これがコミュニケーションのスタートにして、最重要事項《じこう》です。そうして発見した他者との「あいだ」をつくり、他者から影響《えいきょう》を受け、新たに自分を創ってゆく柔軟《じゅうなん》さを身につける。コミュニケーションの力とは、このひとつながりの流れのことです。

今、書いたことはわかりきったことでしょうか。そうなのかもしれません。でも、実践《じっせん》するとなるとどうでしょうか。人は、ややもすれば、自分ばかりに意識を向けがちです。「自分、自分」になりがちです。自分という檻《おり》に自分を閉じ込《こ》めがちです。その方がラクだし、不安なく過ごせますから。ウチの学校の生徒もそうです。そしてわたし自身も気を抜《ぬ》くと、「自分、自分」になっています。君はどうですか?

コミュニケーションについて考えるとき、わたしは一本の太い木を、いつもイメージします。

「ことばによるコミュニケーション」は、条々《じょうじょう》に咲《さ》く花です。咲《さ》き誇《ほこ》る花は華麗《かれい》で、人の心を動かします。多くの人に愛《め》でられます。

しかし、その花を支えているのは、太い幹であり、地上からは見えないけれども、地中にしっかりと張った根っこなのです。

「ことば以前のコミュニケーション」は幹と根っこの部分なのです。意識の向きが根っこ。他者との「あいだ」をつくり、他者から影響《えいきょう》を受け、新たに自分を創ってゆく柔軟《じゅうなん》さ。これが太い幹です。

根っこがしっかり張って、幹が太くがっしりしていなければ、十分な養分が花まで行き渡《わた》りません。花は枯《か》れてしまいます。根っこからも幹からも切り離《はな》された花は時を経ずして枯《か》れてしまいます。

この本が、1部「ことば以前のコミュニケーション」、2部「ことばによるコミュニケーション」に分かれているのは、根っこの部分から、順々に、本当のコミュニケーション力について養っていこうという思いの表われです。

やってみなはれ、やらなわかりまへんで

1部は九つのレッスンを紹介《しょうかい》してあります。授業を受けているように読んでほしくて、【紙上授業】という部分を設けました。「演劇表現」の授業で、わたしが話している内容を、話していることばづかいで書きました。参考にしてください。

とはいっても、一番大切なことは、君自身が九つのレッスンを実際にやって、自分で考えることです。「やってみなはれ、やらなわかりまへんで」はサントリー創業者の鳥井信治郎のことばです。

自分とは何か。他者とは何か。やりとりとはどんな感じか。世界は本当にめんどくさいのか。

正解なんて誰《だれ》も知りません。誰《だれ》にでも当てはまる答えなんてありません。レッスンをやって、君自身が感じたことを元にして、君の答えを手作りするのです。

九つのレッスンをやるのが無理なら、どれか一つだけでもいい。試しにやってみてください。

そう。やってみるのです。やってみるとわかることが必ずあります。できれば、何度も繰《く》り返して、やる相手も替えて取り組んでください。とは言っても、君が個人でやるには限界があるよね。総合的な学習の時間やホームルーム、国語の時間で先生が扱《あつか》ってくれるといいのだけど。

君が一生使える武器としての、〝本当のコミュニケーション力〟を身につけることを心から祈っています。

〝ゆるゆるになる〟ための九つのレッスン

レッスン 1

極力ゆっくり歩く

◎やりかた

①ひとりで取り組む。ある程度の距離《きょり》のある、一直線に歩けるような場所を探す。

②どこまで歩くか決めて、まずいつもどおりの歩き方、速さで歩いてみる。何度か繰《く》り返し、自分の歩き方を確かめる。

③同じ距離《きょり》を、今度はできるだけゆっくり歩く。

その際、次の三つのことを意識する。

(1)普段《ふだん》と同じ歩き方で歩くこと。顔を伏《ふ》せない。目は前を見る。

(2)息を止めないこと。

(3)途中《とちゅう》で動きを止めたり、急にゆっくりになったり、急に速く動いたりしないこと。均一な速さで、なるべくなめらかに動くように。

◎紙上授業

「からだ」が意識に立ち昇《のぼ》る

このレッスンは、自分の「からだ」を意識し始めることが目的だ。そうして自分のからだの「動き」や「感じ」に敏感《びんかん》になることが目的だ。

普段《ふだん》は、自分の「からだ」なんてあんまり意識しない。例えば、歯。普段《ふだん》は自分の歯なんて意識しないんじゃないかな。でも、虫歯になったりすると、「ああ、歯が気になって何にも手につかないよお」なんて、急に歯の存在が意識されるようになる。例えば胃。たぶんみんな持ってる。けれど普段《ふだん》は意識しない。でも食べ過ぎたり飲み過ぎたりすると「なんだか胃がむかむかするなあ」って、急に意識しだす。

「からだ」はいつもそこに在るんだよ。けれど普段《ふだん》は意識しない。でも、何かあると、自分の「からだ」というものが、意識の上に立ち昇《のぼ》ってくるんだ。

実際にやってみよう。きちんとやれば、すぐに意識できるようになるから。いつもどおりの歩き方で歩くこと。これがポイントだよ。いつもどおりの歩き方を、何倍も何十倍もスローにして再生するイメージだ。絶対にコマ送りになっちゃやだめだよ。あくまでも、ものすごく、ものすごーくスローにしていくんだ。どう？ いろいろわかるよね？「あ、今腹筋使ってる」とか「足を下ろすとき、オレって踵《かかと》から地面に着けるんだ」とかね。

君が感じたことをメモしておこう。どこかから借りてきたような言いまわしじゃなくて、変な表現でもいいから、自分の感じたことに一番ぴったりくることばを探してみよう。

これから「からだ」を使ったレッスンを九つ（あと八つ）、いっしょにやっていこう。大丈夫《だいじょうぶ》。何にも難しくないし、大して疲《つか》れもしない。

きちんと九つのレッスンをやるために必要なことはたった一つだ。そのために、最初に、この「極力ゆっくり歩く」というレッスンを紹介《しょうかい》したんだ。そう。今、君がやったこと、これが一番大事なことなんだ。自分がどう動いているか、どんな感じが自分のなかに起こっているかを意識すること。そして、感じたことに一番合っていることばを何とか探し出すこと。

九つのレッスンをやり終える頃《ころ》には、「**他者とつながる、ってこういうことか**」って、からだでわかるようになる。きっと、なる。

参加者の感想より

息を詰《つ》めるな、と言われました。でもゆっくりゆっくり動こうとすると、つい息を止めてしまいます。息を止めると、なんだか身体がガチガチになってロボットみたいな歩き方になってしまいました。（高校生・女）

歩くのにこんなにも筋肉（特に腹筋）を使っているなんて知りませんでした。目からウロコです。ダイエットにもいいかも。（一般《いっぱん》・女）

普段《ふだん》と違《ちが》うことをやると、かえって普段《ふだん》の自分がわかる。不思議な感じです。（一般《いっぱん》・女）

レッスン2 箸《はし》をはさんで立ち上がる

◎やりかた

①二人一組で実施《じっし》。お互《たが》いの人さし指一本だけで割り箸《ばし》を支えたまま、目を閉じて、しゃがむ。

②箸《はし》を落とさぬように二人で立ち上がる。声をかけて合図してはいけない。お互《たが》いの気配で判断して立ち上がること。

③箸《はし》を落とさぬようにどちらか一人が一回転する（箸《はし》の下をくぐるように回る）。どちらが回るか前もって決めてはいけない。

④二人とも元のように再びしゃがむ。

＊おしゃべりしてはいけない。

＊途中《とちゅう》で箸《はし》を落としたら最初からやり直し。

◎紙上授業

「他者」の気配を感じ取る

やることは単純なことなんだけど、いろんなことを考えるキッカケになるレッスンだ。

箸《はし》を通して、指先で相手の気配を感じる。これがこのレッスンの第一のねらいだ。気配を感じる、っていうのは、相手が今何をしているかを感じ取り、想像するということだ。

身構えないで、指先に集中して感じ取ってほしい。可能なら相手を替えていろんな人とやってみると面白い。「あ、この人はグイグイ押《お》してくるな」「押《お》しが弱くて、どこにいるのか想像できないよ」……。箸《はし》を通して感じる気配がみんな違《ちが》っていることに気づくから。

いっしょに箸《はし》をはさんでいるただ一人の「あなた」の気配を感じ取れると

いいな。気配を感じ取れたとき、君はきっと発見する。何を？「あなた」を。目の前に確かに存在している「あなた」を。でも、君の思いどおりに動いてくれない「あなた」を、君は発見するだろう。そんな「あなた」といっしょに動けたら……そりゃあ、うれしいよね。

互《たが》いに合わせつつ動くこと。こんな単純な動きでも、一人じゃできないんだと実感できる。これがこのレッスンの二つ目のねらいだ。

箸《はし》を落とさずに回りきるためには、もう一方が箸《はし》を通して相手が回ろうとしているのを感じ取り、それに合わせて自分の手の高さや、指先に当たる箸《はし》の具合を微調整《びちょうせい》しなければならないんだ。試しに壁《かべ》との間に箸《はし》をはさんで回ってみてよ。絶対に回れないから。相手が上手く指先や腕《うで》でバランスをとって合わせてくれるから回れるんだよ。

なかなか気配を感じ取れなくても、なんとかやりきろう。失敗してもあきらめないで、二人で工夫してみよう。

気配を感じ取るのが不得手《ふえて》な人は確かにいる。でも、ゆっくりゆっくりやっていけば、必ずできる。押《お》すことの苦手な人同士がペアになった場合には、「僕《ぼく》はここだよ、君はどこなの、って箸《はし》をツンツンと押《お》して合図してみなよ」なんて、押《お》す練習から始めるかな。合図された側もツンツンって箸《はし》で合図し返す。

これ、まさにことばを使わないコミュニケーションだ。

いざ回転する段になると、途端《とたん》に押《お》しが弱くなって気配が消えてしまう人も多い。そういうときは、回転する途中《とちゅう》で動きを一旦《いったん》止めて、息を入れるといい。そして「気配、わかるかい？」って、ツンツンして指先で会話してみよう。はやく回ってしまおうと焦《あせ》るあまり、指先で箸《はし》を押《お》して相手に気配を送ることがおろそかになっている場合が多いからね。

参加者の感想より

苦労のすえできた。いっしゅん私はまわるところで力がぬけていた。じぶんのいつものうごきをかえるのがこんなにこわいとは思わなかった。でもうごかないで相手の人とやれたときはすごくうれしかったし、体じゅうの力がぬけていた。ふしぎな感じ。（一般《いっぱん》・男）

実際に初対面の方とやってみて、人と口をきかなくてもこんな方法で分かり合えるんだと思いました。（中学生・女）

レッスン3 背中合わせで立ち上がる

◎やりかた

①二人一組で実施《じっし》。背中合わせで、体操座りをして座る。

②二人同時に立ち上がる。
＊おしゃべりしてはいけない。声で合図してはいけない。
＊ひざの角度は九〇度。直角を保つ。
＊手は床《ゆか》に着かない。

◎紙上授業
自分で立とう。でもいっしょに立とう。

上手くいくとすっと立てる。うそみたいに「すっ」と。大して力も要《い》らないよ。この、「すっ」という感じをぜひ経験してほしい。

このレッスンのねらいは、**背中で相手の気配を感じる**ことだ。

背中で気配を感じるためには、まずは背中がぴったりと合ってないといけない。背中を合わせることのできない人もいる。合わせたとしても、もたれかかれない人もいる。そういうペアは、一旦《いったん》二人とも前屈《まえかが》みになり、同じ速さでゆっくりとからだを起こしていって、背中をぴたりと合わせる練習をす

る。そのときに二人の背中が地面とちょうど垂直になっているということが大事だ。どちらかに傾《かたむ》いているということは、すでに片方が背中を合わせられずに引いているか、もう片方にもたれかかっているということだから。

背中が上手くぴたりと合ったら、その状態をキープすることを意識しながら、次はいよいよ背中で相手の気配を感じることにトライしよう。よおく集中してみてほしい。相手が背中で「行こうぜ」って言うから。そしたら「よし、行こうか」って背中で返事して、二人で斜《なな》め上へ上がっていく。もちろん、自分から相手に「行こうよ」と背中で呼びかけてもいい。相手が「うん、行くよ」と返してくれたら、二人で斜《なな》め上へ上がってゆくんだ。すると……「すっ」と立てる。奇跡《きせき》のように「すっ」と。

焦《じ》れて、自分一人で立とうとしないこと。「行こうよ」

と背中でアプローチしても、相手がちっとも返してくれなかったり、それどころか、ふっと、もたれるのをやめて逃げてしまったりすることもある。そういうときには悲しいし、周りの様子を見て焦《あせ》ったりするかもしれないけど、でも、一人でなんとかしようと思わないよう努めてほしい。

人体の構造上、足がお尻《しり》の下に入ってないと、人間は一人では立てないんだ。それにムリして一人で立っても「すっ」という感じにはたどり着けないよ。一人で頑張《がんば》って立つよりも、二人で立てたときの方が何倍も気持ちいい。その気持ちよさを経験してほしいな。

参加者の感想より

前までは、自分の中に閉じこもっていたなと思いました。自分の好きなようにじゃなくて、自分と相手と一緒《いっしょ》に合わせるということがわかった気がします。（高校生・女）

お互《たが》いの背中がピッタリ合ったときに余計な力はいらず、スーッとたてて

気持ちよかった。（一般《いっぱん》・女）

相手によって力の入れ方が違《ちが》い、立ち上がるのが難しく感じる。相手にあわせようと思っても、一人だけの思いでは通じないのですね。親子でやった時、私が力が入ってしまい難しかった。（一般《いっぱん》・女）

最初説明をきいたとき、簡単だろって思った。でもいざやってみると足が奪われたような感じがしてもどかしくて、一緒《いっしょ》に立とうなんて思ってもいなかったと思う。一人でやってるだけじゃ床《ゆか》からすこしくらいあがるのが限界で、絶対できないって思った。いま考えてみれば一人でできたら相手の人とやるいみないじゃんて思う。相手と一緒《いっしょ》に立とうと思ったら焦《あせ》りがなくなって、背中で一緒《いっしょ》に話してるみたいで、心地よかった。結局たてなかったけど、ちゃんと二人でできて良かったです。（高校生・女）

レッスン4
指先のシンクロ

◎やりかた

①二人一組で実施《じっし》。二人とも立って向き合う。

人さし指同士を立てて、およそ三センチの距離《きょり》を取って向け合う。

②片方の人(A)がゆっくり人さし指を動かす。もう一方の人(B)は、指と指の距離《きょり》を保ったまま、誘導《ゆうどう》に合わせて動かしてゆく。これを三〇秒間行う。

③役割を入れ替えて、Bが誘導《ゆうどう》しAがついてゆく。これを三〇秒間行う。

④なるべく止めないで、ことばで合図もせずに、誘導《ゆうどう》する/されるを入れ替える。三〇秒間で、誘導《ゆうどう》する/されるが何度入れ替わったか、お互《たが》いに数え合う。

⑤一分計時する間に、誘導《ゆうどう》する/されるを無数に入れ替える。

◎紙上授業

「あいだ」をつくって、「カラッポ」になる

Aが誘導《ゆうどう》していたのに、知らぬ間にBが誘導《ゆうどう》しているなんてことが起こる。

最後の段階「一分間で、誘導《ゆうどう》する／されるを無数に入れ替える」をやってると、「あれ、いまどっちが誘導《ゆうどう》してるんだろう？」って感じになることがある。本当に不思議なレッスンだ。

ポイントは二つ。一つ目。**二人が無理なくいっしょに動ける速さを作る**こと。「これくらいなら大丈夫《だいじょうぶ》かな？」って相手の様子を見ながら指を動かす速さを微調整《びちょうせい》してみよう。

人にはそれぞれのペースがある。おっとりさんもいればせっかちな人もいる。自分のペースだけを基準にして、これくらいゆっくり動けばOKだろう、なんてたかを括《くく》っていてはダメだよ。二人のペースを作るんだ。二人の指の距離《きょり》が一定のまま動けるかどうかが、判断の基準になるかな。

相手が絶対ついて来られないようなスピードで、指を動かす人がたまにいるんだ。動かしてる本人は楽しそうだけど、ついてゆく側は結構シラけていたりする。自分一人が楽しいよりも、二人で楽しい方が、なんだかうれしいよね。二人の「あいだ」のペースを作ってみよう。

ポイントの二つ目。**カラッポになって相手の指についてゆく**こと。この「カラッポ」っていうのが難しいんだ。「カラッポ」になってるつもりでも、アタマのどっかで次の動きを予想している。誘導《ゆうどう》する方はピタリと止まってるのに誘導《ゆうどう》される側だけが勝手に一人で動いたりする。物心ついた頃《ころ》から、「しっかりしろ」だの「自分で考えて動けるようになれ」だのと言われてきて、自分で判断して、自力で何とかするって習慣が染《し》みついているんだ。特に大人は、「負けちゃいけない」「騙《だま》されちゃいけない」「損《そん》しちゃいけない」「侮《あなど》られちゃいけない」っていう〝心の武装〟が、習い性になっちゃってるんだろうね。でも、人が本当に人に「出会う」っていうのは、その相手の前で「カラッポ」になることなんじゃないのかな。警戒《けいかい》しながら距離《きょり》を測り、おそるおそる近づいていって……本当に「出会う」というのは、そういうことではないと思うよ。

「カラッポ」になって、「いっしょに動こう」とだけ思ってみよう。自分以外の他者と「出会う」。それがこのレッスンの目的だ。

参加者の感想より

相手の指も自分の指も、同じ方向に動く瞬間《しゅんかん》があった。自分と他人の境い目が溶《と》けてゆく感じがした。普段《ふだん》の生活でもこういう感じがあると幸せだと思う。（一般《いっぱん》・女）

自分がやらなきゃという思いが根深く自分の中にあるのが実感できた。（一般《いっぱん》・男）

何度もペアの人と指先がふれてしまって、相手との距離感《きょりかん》がつかみづらかった。誘導《ゆうどう》する側で、早く動きたくなる自分がいた。自分の気持ちが前面にでていたから、相手も「あわせよう」としていたのだと思う。相手の「ついてこう」とする緊張感《きんちょうかん》が伝わってきて何だか申し訳なく感じた。（一般《いっぱん》・男）

レッスン5 倒《たお》れかけのレッスン

◎やりかた

①二人一組で立って実施《じっし》。BはAのすぐ後ろに立つ。

②AはBとの距離《きょり》を確認してから、目を閉じて後ろに倒《たお》れかかる。BはAを受けとめる。

③Aが倒れかかることができたら、BはAとの距離《きょり》を少しずつ離《はな》してゆく。

④AとB、役割を交替して行う。

◎紙上授業
信用と信頼《しんらい》の違《ちが》いって何だろう

演劇の世界では有名なレッスンだ。「信頼《しんらい》のエチュード」とも呼ばれている。二人の間で、**信頼《しんらい》関係を築《きず》くためのレッスン**だ。「信用」ということばがあるね。よく似たことばなんだけど、どうしてこのレッスンは、「信用のエチュード」じゃなくて、「信頼《しんらい》のエチュード」と呼ばれているのだろう。信用金庫はあるけど、信頼《しんらい》金庫って聞いたことない。信用と信頼《しんらい》、どう違《ちが》うのだろう。このレッスンを通して、相手と二人で答えを見つけてほしい。

やるときの注意点を二つ言っておくよ。

一つ目。度胸試しじゃないから、倒《たお》れかかる人は、受けとめ手がどれくらいの距離《きょり》にいるかちゃんと確認してからやること。二人の間の距離《きょり》は、ほんの少しずつ延《の》ばしていくこと。「これくらい離《はな》れても平気?」「たぶん……いや、もうちょっと近くじゃないと」なんて、相談しながらやってほしい。「あ、この距離《きょり》でも受けとめてもらえた」「これも大丈夫《だいじょうぶ》だった」……ちゃんと受けとめてもらえたという事実を「あなた」と「わたし」の「あいだ」で積み重ねていくことがまずは大事だ。

二つ目。受けとめ手は、倒《たお》れかかる人のからだをよく見てほしい。怖《こわ》いと感じていると、倒《たお》れかかるときに、片足がつい後ろに一歩、出てしまうことが多い。倒《たお》れかかるときに、からだ全体が一本の棒《ぼう》のように真っすぐにはならずに、腰《こし》が落ちて「く」の字に曲がってしまう人もたくさんいるかな。相手がそんなふうだったら、口では平気だと言っていても、本音のところでは怖《こわ》がっているんだ。二人の距離《きょり》をもう少し縮《ちぢ》めたところからやり直してみよう。

どう？　上手くできた？　相手は一本の棒《ぼう》のようになって倒《たお》れかかってくれたかい？

どんなに距離《きょり》があっても、平気で倒《たお》れかかる人が中にはいるんだよね。こういうタイプはどう考えればいいのだろう？　怖《こわ》くないのだろうか。受けとめてもらえなくても大したケガはしないとたかを括《くく》っているのだろうか。

もし可能なら、相手を替えてやってみるといいよ。安心して倒《たお》れかかることのできる相手と、どうしても「怖《こわ》い」と感じてしまう相手がいることが実感できるから。不思議だね。どうしてそんな違《ちが》いが出てくるんだろうか。

さて、考えてくれたかい？　君が経験したのは「信頼《しんらい》のエチュード」というレッスンなんだ。信用と信頼《しんらい》はどう違《ちが》うのだろう。相手に倒《たお》れかかるとき、相手を受けとめるときに、君がどんな気持ちになったかを思い出して、君なりの答えを見つけてみよう。

参加者の感想より

先輩《せんぱい》とやった時、とてもやわらかくうけとめてくれてすごく安心してする事ができました。逆《ぎゃく》に言うと、自分がやわらかくうけとめれば相手は安心してくれる。もとめてくれると思いました。（高校生・女）

娘がしっかりたおれてくれて私の事もがっつり受けとめてくれたのがうれしかった。初めての人が体が固くつっぱっていたのがだんだんやわらかくなっていくのもうれしかった。（一般《いっぱん》・女）

相手が片足を下げた時、ああ、わたしは信じられてないんだな、と感じた。同じクラスで仲良くしてたのに……からだは正直だな。（高校生・女）

レッスン6 ロンド

◎やりかた

①二人一組で実施《じっし》。割り箸《ばし》を一本、お互《たが》いの人さし指だけで支える。

②片方が目を閉じる。

③目を開いている人が閉じている人を誘導《ゆうどう》して動き回る。

*おしゃべりはしない。

*なるべく速いスピードで前後左右に動くことを目標とする。

◎紙上授業
誘導《ゆうどう》する側とされる側

大勢で、少し狭《せま》いくらいの場所で実施《じっし》する。ひと組のペアも箸《はし》を落とさずに、一分間続けることを目標とする。たくさんのペアが流れるように動き回る様は、まるで輪舞《ロンド》を見ているようだ。

誘導《ゆうどう》する側、誘導《ゆうどう》される側、それぞれにクリアしなければならない課題がある。

まず誘導《ゆうどう》する側。相手のからだをよく見て、からだから気持ちを感じ取ろう。

誘導《ゆうどう》される人のひじが、どんどん伸《の》びてくることがある。これはどんな気持ちの表れだろう?

目をつむっている人のひじが、脇《わき》から離《はな》れてどんどん上へ上がってしまうこともある。これはどんな気持ちの表れ?

からだに気持ちは表れるんだ。

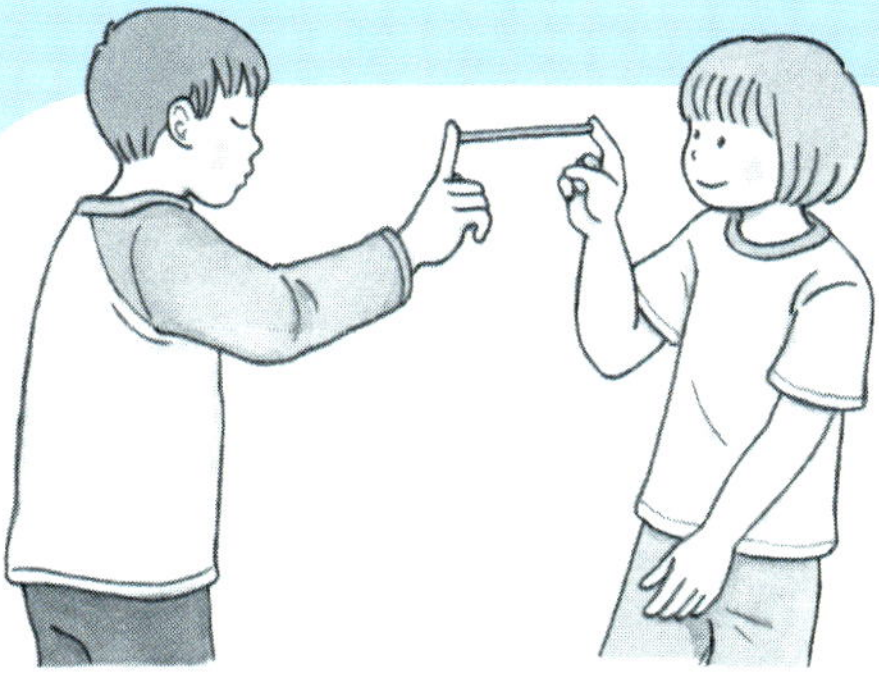

大勢が一斉《いっせい》に動き回ると、誘導《ゆうどう》する人は、ぶつけちゃいけないという気持ちが先に立つ。空いた空間や、周りの動きに気を取られてしまいがちだ。まずは、いっしょに箸《はし》をはさんでいる人の気持ちを感じ取ろう。そのためには、相手のからだをよく見よう。

行き先ばかりに気を取られ、からだごと進む方向へ向いてしまって、誘導《ゆうどう》している相手をちっとも見ていない人もいる。そういう姿勢で誘導《ゆうどう》する人を、「犬の散歩をしているようだ」と評した参加者がいた。

ひじを軽く脇《わき》につけ、自然にひじが曲がった状態を基本と考えよう。その姿勢から、違《ちが》う姿勢に変わってきたときは、一旦《いったん》止まるなり、スピードを緩《ゆる》めるなりして、からだから相手の気持ちを想像してみよう。

次に、誘導《ゆうどう》される側のポイント。「自分をゼロにしてついていってみよう」。

目を閉じているのに、自分で動いていってしまう人がいる。目を閉じたまま動いたら危ないよね。相手をとりあえず信用して、ついていった方が安全だ。なのに、自分勝手に動いてしまう。どういうことなんだろう。

自分をゼロにする、カラッポにする。そうして、**相手に身をゆだねる**。これ、実はとても難しいことなんだ。このレッスンをやるとわかる。「自分が何とかしなきゃ」という姿勢が、気づかずに染《し》みついている人、意外なほどたくさんいる。

自分で勝手に動いてしまう人は、ゆっくり動いてゆっくり止まることを繰《く》り返し練習してみよう。

最後に、誘導《ゆうどう》する側・される側両方に対する注意を一つ。「**極力速く動け**」。そう言うと、走るようなスピードで動き始めるペアや、誘導《ゆうどう》する側が自分のペースでどんどん速く動いてしまうペアが出現することがあるけど、そういうことじゃないよ。

「これくらいなら怖《こわ》くない？」

「たぶん……」

「なら、もうすこしスピード上げるよ」

箸《はし》を通して、からだで相手と相談しよう。二人の「あいだ」のペースで、しかも極力速いペースを作ってみよう。

参加者の感想より

前に出ることばかりを考えていて、自分の型、ペースでやっているんだなあということがわかった。一人目の方とは、そのペースで良かったが、二人目の方とはギクシャクしていた。手の位置を下げて相手の手の高さに合わせてみた。とても柔《やわ》らかい感じになれた気がする。ロンドは、自分の姿勢がよくわかる。（一般《いっぱん》・男）

自分の押《お》しが弱いから相手が不安になるのではと気づいた。脇《わき》を締《し》めて、少しだけ強く押《お》すことを意識した。箸《はし》が安定し、二人の間に安心感が生まれた。（一般《いっぱん》・男）

レッスン 7 シンクロンド

◎やりかた

①二人一組で実施《じっし》。割り箸《ばし》を一本、お互《たが》いの人さし指だけで支える。

②両方とも目を開けたまま、どちらが誘導《ゆうどう》するかを前もって決めずに、箸《はし》を落とさないように動き回る。

＊おしゃべりはしない。

＊2人とも顔とからだは正面を向いたまま実施《じっし》する。キョロキョロしない。

＊なるべく立ち止まらない。

＊なるべく速いスピードで前後左右に動くことを目標とする。

◎紙上授業

役割を離《はな》れる

人は役割で動いてる。

大人になれば何かの仕事に就《つ》くことが多い。例えば魚屋さんをやっていれば、社会の中では、魚屋さんとして判断したり行動したりする。同じ人が家に帰れば、子どもの前ではお父さんとして、妻《つま》の前では夫として、モノを言ったり振《ふ》る舞《ま》ったりする。魚屋さん、お父さん、夫。ほら、もう三つの役割を一人の人がやっている。

大人が持っている名刺《めいし》というカードがある。たいがいは名前の上に、仕事の種類とか、所属している会社の名前、会社の中での役割とかが書いてある。

そもそもオギャアと生まれた瞬間《しゅんかん》から、もう役割は与《あた》えられている。何々家の長男とか、誰《だれ》それの子ども、という役割が。そこから何十年もかけて、生きている年月に比例するように、どんどん役割が付け加えられていく。小学生、中学生、誰《だれ》それのカノジョ、誰《だれ》それの夫、どこそこ会社の社員……。ダイレクトにそのものとして振《ふ》る舞《ま》っていなくても、意識の底の部分で、「僕《ぼく》は○○やってるんだから、こんなことしちゃマズイよね」とか規制が働いたら、もうそれは役割で振《ふ》る舞《ま》ったり、考えたりしてる、ってことだよ。

こうやって考えてゆくと、「私」というものは、与《あた》えられた役割の総体のことをいうのかと思えてしまわないかい？

役割みたいなものを全部取っ払《ぱら》ってみると、どんな感じがするのだろう。いや、そもそも取っ払《ぱら》うことなんてできるのだろうか？　それを、誘導《ゆうどう》する／される、という役割を外すことで、経験してみようというのが「シンクロンド」というレッスンの目的だ。

このレッスン、授業ではこんな順番でやることが多い。できれば少人数で、じっくり考えながらやってみるといい。

①まずは「ロンド」をやる。
②次に「シンクロンド」を練習する。
③一つのペアも箸《はし》を落とさないで、一分間「シンクロンド」を続けられるか、トライする。
④時間があれば、今度は相手を替えてやってみる。

⑤振《ふ》り返りシートを記入する。

質問1：「ロンド」と「シンクロンド」、あなたはどちらがラクに動けましたか？

質問2：「シンクロンド」をやってあなた自身のことをどんな人だと感じましたか？

質問3：「シンクロンド」をやって、ペアの人のことをどんな人だと感じましたか？

⑥ペアを組んだ相手と振《ふ》り返りシートを見せ合う。

この手順でやると、自分が感じたことと、ペアの人の感じ方に、ズレがあることに気づく。自分では気づかないでしていた振《ふ》る舞《ま》いを他から指摘されてハッとすることもある。自分を知るのは難しい。染《し》みついてしまった役割を自覚するのはとても難しい。そして役割から離《はな》れて自在に動くのは、更《さら》に難しい。

誘導《ゆうどう》する／されるという役割から離《はな》れられたペアは、自然と笑みがこぼれるみたいだ。自在な感じがしてね、見ていても嬉《うれ》しくなるよ。

参加者の感想より

学校の教師をしています。自分は「ロンド」の方が楽でした。役割をこなしている方が安心です。「シンクロンド」に切り替わったときは、そろそろ誘導《ゆうどう》しないといけないのか、それとももう少し誘導《ゆうどう》されていればいいのか考えてしまって、動きがギクシャクしてしまいました。（一般《いっぱん》・女）

私は主婦ですが、パートで働いています。家で子どもに見せる態度と、パート先での私と、言われてみれば随分違《ずいぶんちが》うと思います。ダンナの前では、また別の私だったりして。自然と使い分けているみたいです。でも、疲《つか》れます。ワークショップのよいところは、役割を離《はな》れた私になれるところなんですね。でも、ちょっと怖《こわ》い気がします。ありがとうございました。（一般《いっぱん》・女）

クラスでの顔、家の顔、部活の顔……いっぱい顔があります。仮面を付け替えてるみたい。外してみると……のっぺらぼうだったりして。そんな気が

しました。（高校生・女）

レッスン8　ティッシュ吹《ふ》き

◎やりかた

①二人一組で実施《じっし》。ティッシュを一枚用意する。

②一枚のティッシュを二人で交替しながら吹《ふ》き上げる。

③ティッシュが一度も床《ゆか》に落ちないようにゴール地点までたどり着けたら終了。

＊床《ゆか》にティッシュが落ちたらスタート地点からやり直し。

＊一人が連続して吹《ふ》けるのは二回までとする。

◎紙上授業　MAKING OFが大事

単純なレッスンだ。あらかじめ定めたゴール地点まで、二人で交替でティッシュを吹《ふ》き上げながら進んでいく。もちろん手は使ってはいけない。上手くいくコツは、強く息を吹《ふ》くこと。強く、タイミングよく吹《ふ》かなければ、ティッシュは高く舞《ま》い上がらないよ。

強く息を吹《ふ》くためには、いっぱい息を吸わないといけない。いっぱい息を吸うためには、からだの中にある息をいったん全部吐《は》き切らないといけない。限界まで、まず息を吐《は》く。もうこれ以上吐《は》けない、空っぽだってところまで吐《は》く。そうすると自然にたくさん息が吸える。

吸い込《こ》んだ大量の息を、遠慮《えんりょ》なしにフーッと、ティッシュに向かって吹《ふ》き付ける。そう、その調子だ。遠慮《えんりょ》なんていらない。もっと高く、もっと強く。ティッシュが上手く舞《ま》い上がると、それだけですごく嬉《うれ》しくない？

ウチの生徒を見てると、本当に息が浅いんだ。ちょっぴり、サッと吸って、ちょっぴり、サッと吐《は》く。声も息だから、息が浅ければ、大きな声、生き生きした声なんか、当然出やしない。息の浅い生徒は、立ち姿もヒンヤリしている。そおっと生きてるような感じがする。呼吸の仕方と人の在りようは、つながりがあるんだ。

向こうの壁《かべ》までたどり着くコツは？　と訊《き》かれるけど、ティッシュをなるべく高く吹《ふ》き上げるよう頑張《がんば》ることくらいで、コツなんて特にないよ。高く吹《ふ》き上げても、テッシュ一枚はごくごく薄《うす》いから、宙を舞《ま》ってるうちに、二つに折れたり、空調やら何やらで予期せぬ方向へ流れていったり、と予想外のことが次々に起きる。正直な話、上手くゴールできたらすごくラッキーで、できなくても落ち込《こ》む必要なんて全然ないよ。

「MAKING OF〜」という熟語がある。「〜する途中」とか「〜の製造過程」と訳《やく》す。「〜」が大事か、それとも「MAKING OF」が大事か。君はどう思う？

このレッスンでは、「向こうの壁《かべ》にたどり着く」が「〜」で、「二人で一枚のティッシュをつないで吹《ふ》いてゆく」が「MAKING OF」に当たるの、わかるかい？

このレッスンを通して、「〜」ばかりに気を取られていた人が、自分でも意識しないうちに、「MAKING OF」そのものを楽しいって思えるようになるといいな。コミュニケーションというのは、煎《せん》じ詰《つ》めれば「MAKING OF」のことだからね。

「ティッシュ吹《ふ》き」は、単純だけど、コミュニケーションの歓《よろこ》びをダイレクトに経験できる。中学校の出前授業でも、とても人気のあるレッスンなんだ。

参加者の感想より

うち、これ好きだなあって思いました。はじめは恥《は》ずかしがってたけど、やってるうちにそんなのどうでもよくなって、一生懸命《けんめい》吹《ふ》いていました。全然進めなかったけど、ペアを組んだ人と二人で大笑いして、のどもお腹も痛《いた》くなって、でも、とっても楽しかった。もっともっと、ずっとやっていたい

って思いました。（高校生・女）

年寄りにはキツかった。他の人のからだがだんだんほぐれてきて、笑いが会場にあふれてゆくのは、見ているだけでも充分面白く、嬉《うれ》しい気持ちになりました。大きく吸って、大きく吐《は》いて、息をたくさんすることは大事なことなんですね。（一般《いっぱん》・女）

レッスン9 「おはよう」「おはよう」のレッスン

◎やりかた パート1

①二人の人に前に出てきてもらう。他の参加者は見ている。二人はそれぞれ部屋の両端《りょうはし》に立ち、真ん中に向かって歩いていく。

②相手に近づいたら、普段《ふだん》と同じ言い方で「おはよう」「おはよう」と挨拶《あいさつ》を交わす。そして、そのまま二人ともう一方の端《はし》まで歩いていく。

③すれちがった二人も、見ていた人も、「おはよう」の言い方や反応が妙にぎこちなくないか、普段《ふだん》のとおりか、感想を出し合う。

④順番に交替して実施《じっし》する。

パート2

⑤全員に説明する。「今から、二人のうち一人だけにある状況《じょうきょう》を設定し、伝えます。みなさんは、どんな状況《じょうきょう》を設定したか、よく見ていて当ててください。状況《じょうきょう》を設定された人は、与《あた》えられた状況《じょうきょう》を心の中でよく想像すること。ヘンに演技を付けることは決してしないでください。やることは、さっきといっしょで、部屋の両端《りょうはし》からスタートして、近づいたら「おはよう」「おはよう」と言い合う。そして向こうの端《はし》まで歩いていく。それだけです。他のことばは言ってはいけません」

⑥まずはパート1でやった普通《ふつう》の「おはよう」「おはよう」をやってもらう。

⑦二人のうち、一人だけを呼び、こっそりと状況《じょうきょう》を伝える。

状況《じょうきょう》設定例1

・近づいたら、相手の歯にのりがついているのに気づいた。
・近づいたら、相手のズボンのチャックが開いているのに気づいた。

状況《じょうきょう》設定例2

・向こうから近づいてくるヤツは、自分をいじめているヤツだ。
・向こうから近づいてきたのは、自分が密《ひそ》かに恋している子だ。

状況《じょうきょう》設定例3

・今朝、出がけに親とケンカした。むしゃくしゃしている。
・今からテストだ。全然勉強していない。このままじゃ追試だ。ああ、早く行って勉強しなきゃ。
・ヤバイ! 下痢《げり》だ。向こうにトイレがある。もうちょっとだ……。

⑧状況《じょうきょう》設定をした「おはよう」「おはよう」をやってもらう。どんな状況《じょうきょう》を設定したか、みんなで意見を出し合う。

＊妙《みょう》に演技していたら「想像するだけで、演技しちゃダメだよ」と注意をする。

⑨順番に交替して実施《じっし》する。

◎紙上授業
想いは伝わる——ことばを使ったコミュニケーションへの架《か》け橋

まずは、パート1をじっくりやることが必要だ。何も状況《じょうきょう》を設定しないで、フラットに「おはよう」と言い合う。ごく普通《ふつう》に、毎日言っているように。「ボク、おはようって言いません」なんて生徒もいた。そういう場合は仕方ない。ムリに言わなくていい。でも、面と向かって大きな声で「おはよう」って言われたら、ちょこっと頭を動かしたりするんじゃないかな？ 普段《ふだん》、自分が振《ふ》る舞《ま》っているようにやってくればいいんだ。他の参加者が見ている前でやると、やっぱり構えてしまってね、どうしてもぎこちなくなる。何度でも、「ホントにそんなふう？」って聞きながら、なるべく普段《ふだん》どおりにやることを意識しよう。何の状況《じょうきょう》も設定していない「おはよう」がちゃんとできないと、この後でいろんな状況《じょうきょう》を設定したときに比較《ひかく》するものがなくなってしまう。丁寧《ていねい》に丁寧《ていねい》にやること。

フラットな「おはよう」「おはよう」が成立したら、状況《じょうきょう》を設定してやるパート2だ。

「十分に想像できたら動き始めてください」必ず、そう声をかける。想像する。想う。これがこのレッスンの一番の眼目《がんもく》だから。

やってみると……面白いよ。みんなリアルでね。十分に想像すると、動きや気配が自然と変化するんだ。

「相手のチャックが全開」しっかり想像すれば、我《われ》知らず目線や気配が変化してるんだ。「腹が痛《いた》い。ああ、早くトイレ！」ちゃんと想像できていれば、自然と足早になり、目は「おはよう」の相手を通り越して、向こうのトイレを見ていたりする。

で、ここからが大事なんだけど、一方の動きや気配が変われば、もう一人もその変化に感応して、行動が変わっていくんだ。

「チャックが全開」という状況《じょうきょう》を設定された人の落ち着かない視線を受け

れば、「チャック全開」の本人は、妙《みょう》な居心地悪さを感じる。「おはよう」と言い返すけど、何だか不審《ふしん》げな、歯切れの悪い言い方に変わっている。すれ違《ちが》ったあと何度も振《ふ》り返ったり、「え、どうかしたの？」とまた戻《もど》って聞く人もいる。「腹が痛《いた》い。トイレ！」と設定された人の、心ここにあらずな「おはよう」を聞き、泳いで定まらぬ視線を感じれば、さっきはあんなに元気に返していた「おはよう」の挨拶《あいさつ》も、なんだか不安げな声に変わってゆく。

状況《じょうきょう》を設定された人の動きや気配の変化は、見ている人にもわかる。加えて、もう一人の動きや気配が変化したこともわかる。この、もう一人の変化が見ている人の想像を更《さら》に刺激《しげき》するんだ。不思議だよね。「おはよう」しか言わないのにね。でも、状況《じょうきょう》を設定するだけで、「おはよう」は無数に言い方が変わるし、仕種《しぐさ》や気配も自然と変わるんだ。

「おはよう」「おはよう」のレッスンは、ドミノ倒《だお》しみたいなイメージだね。一人の人間の想像が動き出したところから始まって、それが想像した人のからだや言い方に伝わり、それが相手に伝わって動きや言い方を変えて、ついには見ている人にも伝わっていって……。想像はこんなふうに伝播《でんぱ》し、共有されるんだ。このことを、「おはよう」「おはよう」のレッスンを通して実感してくれればいいな。

参加者の感想より

先輩《せんぱい》に「おはよう」って言われた時、とっても恥《は》ずかしくなりました。ついつい口を手で隠《かく》してしまった。先輩《せんぱい》は私の歯にのりがはさまってると思ってやったみたい。すごいです、おはようと言われただけなのに本当に口に何かついてるかと思った。(高校生・女)

いざ二人で向き合ってあいさつすると、緊張《きんちょう》したり意識しすぎたりと、フリになってしまってなかなか普通《ふつう》に挨拶《あいさつ》するのは難しかったです。(一般《いっぱん》・男)

見てて思ったことは、前でやっている二人から、「あ！　いま照れてる」とか、「あ……いま喧嘩《けんか》してるんだ」とか、感情という形のないものが見て

ることにも分かるんだということ。感情って、思っていれば伝わるんだ。（高校生・女）

わたしは相手を好きだと思って「おはよう」って言わなきゃいけなくて、想像で好きと思うことがとてもむずかしかった。初めは全然できなかった。きっと本当に思えてなかったからだと思う。相手を本当に好きだと思ってないとできないんだ。最後やった時は、すれちがうだけでドキドキして、終わったあとは顔が真っ赤だった。想像だけど好きな人の横を通るときってこんなにもドキドキして緊張《きんちょう》するんだとびっくりした。相手に伝わってると知った時、はずかしかったけどうれしかったです。（中学生・女）

1部のまとめ

● コミュニケーションは、おしゃべり上手ということではありません。

● 口下手でも魅力的《みりょくてき》で、人が周りに集まってくる人がいます。「ことば以前のコミュニケーション力」の高い人です。

「ことば以前のコミュニケーション力」とは、次の四つです。九つのレッスンを読んだり、実際にやってみたりすると、それがからだでわかります。

（1）自分のなかにある「感じ」を自覚するチカラ
　レッスン1
（2）他者へ意識を向けるチカラ
　レッスン2、レッスン3
（3）他者との「あいだ」をつくるチカラ
　レッスン4、レッスン5、レッスン6、レッスン7
（4）他者から影響《えいきょう》を受け、変わってゆくチカラ
　レッスン8、レッスン9

● 九つのレッスン、実際にやってみたら、「感じたこと・考えたこと」をことばにしてみましょう。ことばにすると自分を客観的に見ることができます。

村上先生

「安らぐ」というレッスンを紹介《しょうかい》します。演劇表現の授業の始めに、定点観測のように毎回やっています。

とても簡単なレッスンです。五分間、仰向《あおむ》けに横になるだけです。

ただし、

①手は胴体《どうたい》の横。胴体《どうたい》にくっつけても離《はな》してもそれは自由。胸やお腹の上で組んではいけない。

②足は膝《ひざ》を立てたり、組んだりしてはいけない。

③目を閉じる。おしゃべりしない。

いろんなことがわかります。

心配事があったり、問題を抱《かか》えていたりする人は、じっと仰向《あおむ》けに寝《ね》ていられません。

両手が我知《われ》らず胸の方へ動いてしまい、あ、組んじゃだめだったと気づいて、戻《もど》してみたり。足が組みたくて、でも組んじゃだめだから、代わりに足先をモゾモゾさせて我慢《がまん》していたり。中には床《ゆか》に背中全体をゆだねているのがシンドくて、丸まってしまう生徒もいたり。

生徒たちをよく見ていると、「この子は首のあたりが緊張《きんちょう》してる」とか、「からだ全体が一本の棒《ぼう》みたいになっているな」とか、からだの語ることばを感じ取れるようになります。

注意点を守らない生徒がいても、その生徒個人に向けて注意しません。全体に向かって、薄《うす》ぼんやり、やってはいけないことを何度か、静かな声で言うだけです。

五分経ったら全体に向かって静かに言います。「ゆっくり目を開けて、ゆっくり起き上がってください。おしゃべりはしないで、どんな感じだったか、書いてください」

生徒は、おしゃべりせずに、その日の自分の「感じ」を書いていきます。

ただ五分横になっているだけなのに、生徒の感じたことが毎回変化します。狐《きつね》につままれたような気分になります。

先生もゼミの学生さんと一度やってみてください。

コミュニケーション力は、ともすれば自ら発信するチカラ＝話す能力のことと思われがちなのではないでしょうか。

でも、実は、世界を感受するチカラ＝聞く能力こそが、そもそもの大元《おおもと》として必要なのではないかとわたしは考えるようになりました。

演劇だってそうです。上手い役者は、まず相手の芝居《しばい》を受けます（＝感受）。その上で自分のセリフの言い方を変化させていきます。下手な役者ほど、「このセリフはどう言ったらいいんですか」と自分の言い方（＝発信）ばかりに気を取られがちです。

SNSの書き込《こ》みだってそうですよね。みんな自分の考えや思いを発信してばかりです。

「やりとり」ということばがありますね。発信と感受のことを表すことばです。「遣《や》り取り」と漢字を当てます。

今では老いも若きも「遣《や》り」ばかりで、「取り」がありません。「やりとり」ではなくて、「やりやり」になっています。これではコミュニケーションは成り立ちません。

紹介《しょうかい》した「安らぐ」というレッスンは、自分を一旦《いったん》OFFにして、世界を感受するレッスン、「やりとり」の「とり」の力を回復するレッスンであるとわたしは捉《とら》えています。

生徒の感想を読んでいて、「何にも感じなかった」と最初は書いてきた生徒が、回数を重ねるうちに、「今日は落ち着かなかった」と自分のからだの中に動いたものを、自分なりの言いまわしで書くようになり、やがて「気持ち良い風が吹《ふ》いていた」と外界を感じ取った感想を記すようになります。こういうのを読むと、ジーンと感動します。

閉じて、自分のなかに籠《こも》っていたからだが、徐々《じょじょ》に徐々《じょじょ》に世界に向けて開かれてゆく場に立ち会えたのですから、それは嬉《うれ》しいことですよね。
コミュニケーションを考えるとき、この地点まで立ち戻《もど》ってスタートせざるを得ないのが現状だとわたしは感じています。

兵藤友彦

手紙4◉村上先生から兵藤先生へ

兵藤 様

兵藤さんとともに同じ学校にあり、「演劇表現」の授業に参加したときのことを思い起こしていました。そのとき自分が思ったこと、感じたことを「演劇レッスンについて思うこと」という文章にまとめました。改めて文章を読み返して、その授業時間のことをまざまざと思い出しました。

私は、演劇表現の授業で二つのレッスンを経験しました。そこで私が強く感じたのは、ことばを発してはいけないというルールの中でも、指先と指先で、背中と背中でコミュニケーションをしているということ、話さないで二人一組の身体活動を行うレッスンなのに、互《たが》いの心にはさまざまなことばが浮《う》かぶということでした。まとめにこんな一文を寄せました。

演劇レッスンの授業が面白くて有意義なのは、からだを通したコミュニケーションによって、生徒によっては閉じられたようにしか見えない世界に小さな穴があくからだ。この活動は、言葉とからだとの往還《おうかん》によって行なわれていて、言葉とからだがもともとは双子《ふたご》の兄弟であったことを思い出させる。

（『奇跡の演劇レッスン』兵藤友彦、学芸みらい社）

もともと身体感覚、五感により知ったり感じたりしたことを表すためにことばは生まれました。そうやって自分たちが生きている世界を表すための道具としてことばはありました。ですから、ある言語を使う人たちがどのように世界を見ているかは、それぞれの言語を見ればわかるということになります。あの緑色に見えるものを「木」ということばで表そう、同じ緑色でも太い幹のない、こちらのものは「草」ということばを与《あた》えようと。もっと微妙《びみょう》な感覚にもことばは与《あた》えられます。この心がざわざわするような感覚を「不安」ということにしようとか、笑顔になってしまうようなこの感覚は「うれしい」ということばで言おうとか。

五感で感じている世界を同じことばで表す人たち同士は、容易にコミュニケーションができるようになります。順番を間違《まちが》えている人は、たくさんいます。コミュニケーションをすることが先に目的としてあり、そのためにことばが生まれたと思っている人……。違《ちが》いますよね。ことばとからだは「もともとは双子の兄弟」でした。

ここで忘れてはいけないことがあります。一つは、五感によって感じられたこと、感じられた世界が、すべてことばになっているわけではないこと、もう一つは同じことばを使っているとしても、そのことばを支えている五官(目、耳、鼻、舌、皮膚《ひふ》)の感覚は人によって違《ちが》っているかもしれないということです。

それをここからのレッスンで体験してもらおうかなと思っています。目で見たものをすべてことばで表すことが、本当はとても難しいことであることを。

また、同じことばを使っていても、五官の感覚は違《ちが》っているかもしれないことを。それを考えないでコミュニケーションすると、すれ違《ちが》いが起きますよね。たとえば、「痛い」ということば一つとっても、相手の「痛い」と自分の「痛い」は同じではないかもしれません。これが「心の痛み」などというもっと微妙《びみょう》なものになれば、そのぶれ幅《はば》は大きくなるでしょうね。

ことばは、すぐれたコミュニケーションの道具です。でも、ことばをコミュニケーションの道具として使うためには、そもそもことばとはどういうものかを知り、ことばによるコミュニケーションの際にはどのようなことに気をつけた方がいいかという、基本を知っておく必要があるのだと思います。

村上慎一

2部

ことばによるコミュニケーション

ことばの限界

エクササイズ 1

あるイラストをことばで表現します。このことばによる説明からイラストを再現してください。

説明は、次の通りです。

・二人の男女が描《えが》かれていて、右には女の人、左には男の人。年齢《ねんれい》は……二〇歳《さい》くらいだと思います。

・二人とも体を躍動《やくどう》させている感じ、走っていますが、ゴールテープを切るところのように見えます。

・右の女性の服装は、濃い色の半そでのTシャツ、胸の辺りにゼッケンらしきものがついています。Tシャツの下は、薄《うす》い色の長そでのシャツ。下は、濃い色のスパッツに黒い短パンを履《は》いています。靴《くつ》は白いジョギング

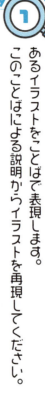

シューズです。

・女性は右足を後ろに高く蹴《け》り上げています。両腕《りょううで》は上げていますが、万歳《ばんざい》をしているのとは少し違《ちが》います。肩《かた》より少し上の辺りまで上げています。

・表情は、笑顔です。目を細めています。髪《かみ》は後ろで一つに結んでいます。

・左の男性の服装は濃い色の半そでのTシャツ、胸の辺りにはゼッケン。下には長そでのシャツを着ています。長そでのシャツは薄《うす》い色です。ジョギングシューズを履《は》いています。女性がスパッツと短パンであるのに対して、男性は短パンだけを履《は》いています。膝《ひざ》の少し上の辺りから下は肌《はだ》が見えています。

・男性の動きを説明します。男性も右足を後ろに蹴《け》り上げていますが、女性ほど高くはありません。腕《うで》は、右手だけを高々と上げたガッツポーズです。左腕《ひだりうで》は肩《かた》より下にあります。

・表情はやはり喜びにあふれています。口が開いています。目は点で表されていますが、喜びの表情であるとわかります。髪《かみ》は、短髪《たんぱつ》です。

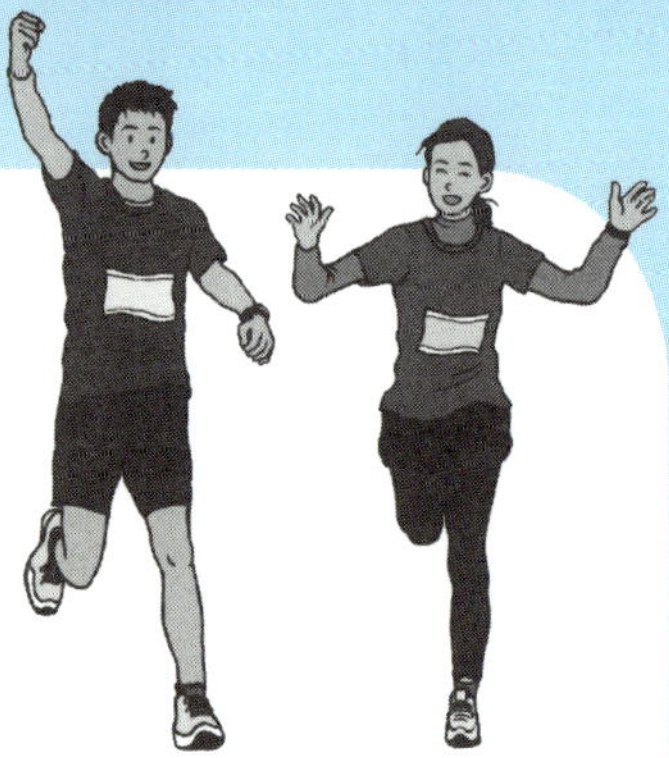

かなりことばを費やしました。このくらい微《び》に入《い》り細《さい》をうがつ説明をしても、おそらく再現したイラストは、元のものとかなり異なっているのではないでしょうか。

いかがですか？　ことばではなかなか伝わってこないなあともどかしく思ったのではないでしょうか？

エクササイズ 2

あなたの部屋の窓から見える景色を、その景色を見ていない人に伝えよう。

ことばは、どれだけ使ってもかまいません。一〇分程度で説明できるだけ説明してみましょう。説明が終わったら、窓から見える景色をスマートフォンなどで写真にとって、説明した人に送りましょう。そのうえで、説明した人に「想像していたイメージとどこが違《ちが》っていたか、感想を聞いてみましょう。

- どの部分はしっかりイメージできていたか。
- どの部分はイメージできていなかったか。

感想を聞いたら、どのようにことばを使えば、もっと正確にイメージを伝えられたか、考えてみましょう。

ことばがいかに不便な道具であるか、少しわかってきたのではないでしょうか。絵や写真を見せることができれば、一瞬《いっしゅん》で伝わるものがことばで説明しようと思うと、もどかしいほど伝わらない。今までにもそういう経験を何度もしてきたかもしれません。視覚情報の方がことばよりはるかにすばやく的確に伝えられることがある。

他にもそのような情報は、たくさんあります。たとえば、触覚《しょっかく》で得られた感覚は、触《さわ》ってもらうのが早い。オノマトペを用いて「ざらざら」などと言って伝えようとするのでしょうが、どのようにどの程度「ざらざら」なのか、短いことばでは、なかなか伝わりません。ことばは、万能ではありません。

エクササイズ 3

ことばでなければ伝えられないことは、どのようなことでしょう。少なくとも五つ挙《あ》げてみましょう。（ヒント・視覚などでは伝わらないもの。たとえば、「今、私がここにいる理由」）

ことばでは、なかなか伝わりにくいものはどんなことでしょう。

逆に、ことばでないとなかなか伝わりにくいことはどんなことでしょう。

ことばで伝えるより視覚などに訴えた方がはるかに伝わりやすいもののことを「具体」と言います。目に見えるものは、「具体」の代表です。

逆に、ことばでないとなかなか伝わらないものもあります。目に見えないものが主になります。これを「抽象《ちゅうしょう》」と言います。少し難しい話になりますが、ことばは「概念《がいねん》」という「抽象《ちゅうしょう》」を表現するのにたいへんすぐれた道具です。まずは、そこを押さえましょう。

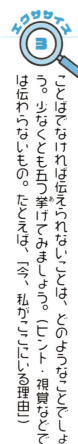

エクササイズ 4

「花」ということばを聞いて、あなたの頭に思い浮《う》かぶのは、どのようなイメージでしょう。ことばで表現してください。

「ことばは『概念《がいねん》』を表すものである」というのは、大事なポイントです。勘違《かんちが》いを避《さ》けるためにもう少し説明しましょう。

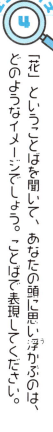

たとえば「花」ということばも概念《がいねん》です。「ええっ、花は目に見えますよ」と思った人もいるかもしれません。でも、「具体」は多様です。「花」と聞いて、ある人は赤いチューリップを思い浮《う》かべたかもしれません。薄紅色《うすべにいろ》のシクラメンを思い浮《う》かべた人も、満開の桜や梅の花を真っ先に思い浮《う》かべた人もいるでしょう。スミレの花をイメージした人もいるでしょう。それぞれの多様な具体的なイメージをまとめたものが「花」ということばです。

では、「花」と言われるものの共通点は……？　「めしべおしべがあり、美しい花弁があり、昆虫《こんちゅう》たちを誘《さそ》い、花粉を運ばせたりすることもある。花が咲いたあとは実をつけることもある……」。かなり説明が難しいですね。辞書を引いてみましょう。

エクササイズ 5

「花」という単語は、辞書にどのように説明されていますか。辞書を引いて確かめてください。

「はな(花)」。『新明解国語辞典』には、「植物の茎・枝の先に時を定めて開く物。多くは、きれいな色といいにおいを持ち、他と識別される。〔植物学的には、萼《がく》・花冠《かかん》・雄しべ・雌しべから成る生殖器官《せいしょくきかん》で、つぼみのあとに実のなるものが多い。日本では桜の花が代表だが、古くは梅の花をも単に「花」と指した〕」とあります。いかがでしょう。「概念《がいねん》」以外の何物でもないとわかったのではないでしょうか。具体的なものなどを「概念《がいねん》」として表したもの、それがことばです。「概念《がいねん》」って、何？と思った人は、辞書を引いてみましょう。

「概念《がいねん》」＝「…とは何か」ということについての受取り方（を表わす考え）。
うーんと唸《うな》ってしまった人のために「概念的《がいねんてき》」も見てみます。次のような説明があります。

「個々の事物の特殊性を問題にしないで、共通性だけを取り出して扱う様子」

個々の事物はそれぞれ特殊《とくしゅ》です。でも、そういう個々のモノの特殊性《とくしゅせい》はさておいて、こういうところは同じだという部分を取り上げ、共通するものを「概念《がいねん》」と言います。

場合によっては、視覚情報、聴覚情報《ちょうかく》などの方がことばよりはるかに的確にすばやく何ごとかを伝えることが可能です。でも、ことばでないと伝わらないものがあります。その一つは「概念《がいねん》」です。

この「概念《がいねん》」によって、人間は自分たちの生きている世界を把握《はあく》し理解しようとします。そのためにことばは必須です。

エクササイズ 6

フランス人には肩こりがないそうです。その理由を考えてみましょう。なぜフランス人には肩こりがないのでしょう。

フランス人は、日本人とは別の身体を持っている？　そんなことはありえません。同じ人間です。「フランスは自由な国だから肩がこることはない」と答えた人がいます。そんなこと、ありえません。肩はこっているに違《ちが》いないのです。でも、「肩こり」という概念《がいねん》がありません。

肩の辺りの筋肉が固くなり、痛みのようなものを感じるという具体的な身体感覚は、フランス人にも当然あります。でも、その痛みを概念化《がいねんか》して表現することばがないのです。では、フランス人は、日本人が「肩こり」としている身体感覚をどう表現しているのでしょう。

実は、「頭痛」の一種だと思っているそうなのです。ですから、それを日本人が「肩こり」と呼んでいることを知り、その身体感覚に「肩こり」というこうことばが与えられているのを知ると、肩がこり始めるのだといいます。驚《おどろ》きです。人間の身体感覚までことばがあるかないかで変わってくることがあります。

概念《がいねん》について理解するためにいくつか例を挙《あ》げましょう。「痛い」ということを表すことばを持たない場合や「左右」「時間」の概念《がいねん》を表すことばを持たない場合を想像してみてください。

怪我《けが》をして、皮膚《ひふ》が破れ、血が流れ出ている状態なら、私たちは「痛い、痛い」と、その痛みを表現してアピールしようとするでしょう。しかし、「痛い」ということばがなかったら……。身体に妙《みょう》な感覚があるということで、顔をしかめたり涙《なみだ》を流したりといった身体的反応が起きるにとどまるのではないでしょうか。

「時間」の概念《がいねん》を表すことばがなかったら……。「今」も「昔」も「これから」もない、「昨日」も「今日」も「明日」もない、「過去」も「現在」も「未来」もないということになります。「今」だけがあるという言い方も、実は正しくありません。「今」もないのです。「過去」にこういうことがあったので、「今」はこのようになっているが、「今後」はこんなふうになるのではないかという思考もできません。人は「未来」のいつかに誰《だれ》もが死ぬのだということも、もしかしたらわからないままかもしれません。

「痛い」ということを身体でしか表現できない人たち、「時間」の概念《がいねん》を表すことばを持たない人たちが生きている世界、どんな世界でしょう。自然界を生きる動物たちと同じ世界ではないでしょうか。人は、ことばを持つことで人間らしく生きていられるとも言えそうです。

エクササイズ 7

極北に住む民族には「雪」や「氷」を表すことばが、また、砂漠に住む遊牧民族には「ラクダ」を表すことばがたくさんあります。それぞれの民族でどのようなことばが多くなるでしょうか。

このエクササイズは、それほど難しくなかったのではないでしょうか。自分たちがある世界の中で、自分たちが生きていくこと、生活していくことに密接にかかわることばが多くなります。逆に、自分たちの生活にそれほどかかわらない領域のことばは数が少なくなります。たとえば、雨が少なくて植物が育ちにくい環境《かんきょう》の人たちのことばには、「木」と「草」を分けることばや植物名を示すことばがなかったりします。なくても、生活に支障がないからです。

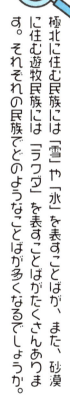

エクササイズ 8

日本語では、ものや現象を表すどのようなことばが多いでしょうか。古来、日本人の生活に密接にかかわってきた領域のことばです。自分で考えたら、まわりの人と話し合ってみましょう。

弥生《やよい》時代以来、日本人はコメ作りをし、農耕生活を長く続けてきました。作物が育つには水が必要です。雨にかかわることばがたくさんあります。降り方によって「霧雨《きりさめ》」「通り雨」「大雨」「小糠雨《こぬかあめ》」「狐《きつね》の嫁入り」「氷雨《ひさめ》」「豪雨」「村雨《むらさめ》」……、降る季節や時期によって「時雨《しぐれ》」「春雨」「五月雨《さみだれ》」「梅雨《つゆ》」「夕立」「秋霖《しゅうりん》」……、雨にかかわることばがとても多いのです。

雨だけでなく、日本語には季節を表すことばも非常に多いのが特徴《とくちょう》です。今がどの季節なのかによって、農耕生活の中ですることが決まってくるということと関係していると思います。季節を表すことばとして、俳句に入れることが決められている「**季語**」というものもありますね。

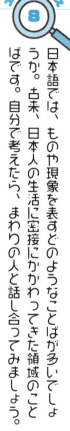

エクササイズ 9

次の季語は、それぞれ春夏秋冬いつの季語でしょう。
「山装《やまよそお》う」、「山笑う」、「山滴《やましたた》る」、「山眠る」

それぞれの時季の山の様子が浮《う》かんでくるような季語です。他にも日本語の語彙《ごい》に特徴的《とくちょうてき》に多いものがあります。「月」です。欧米では「月」ほど大きな関心がないようで、ことばも多くありません。日本に「月」にかかわることばが多いのは、「太陰暦《たいいんれき》」であった影響《えいきょう》があります。月の満ち欠けによって時をはかり、季節を意識していたのです。太陽とは異なり、月は形や見える時間が毎日変わっていき、違《ちが》いが明確にわかります。日本人の時の意識と月は密接な関係を持っていたのです。

古くから「太陽暦」を採用していた欧米とは月を見る意識が違《ちが》い、ことばの数が違《ちが》うのは自然です。月にかかわることばについて、一度調べてみるとよいと思います。

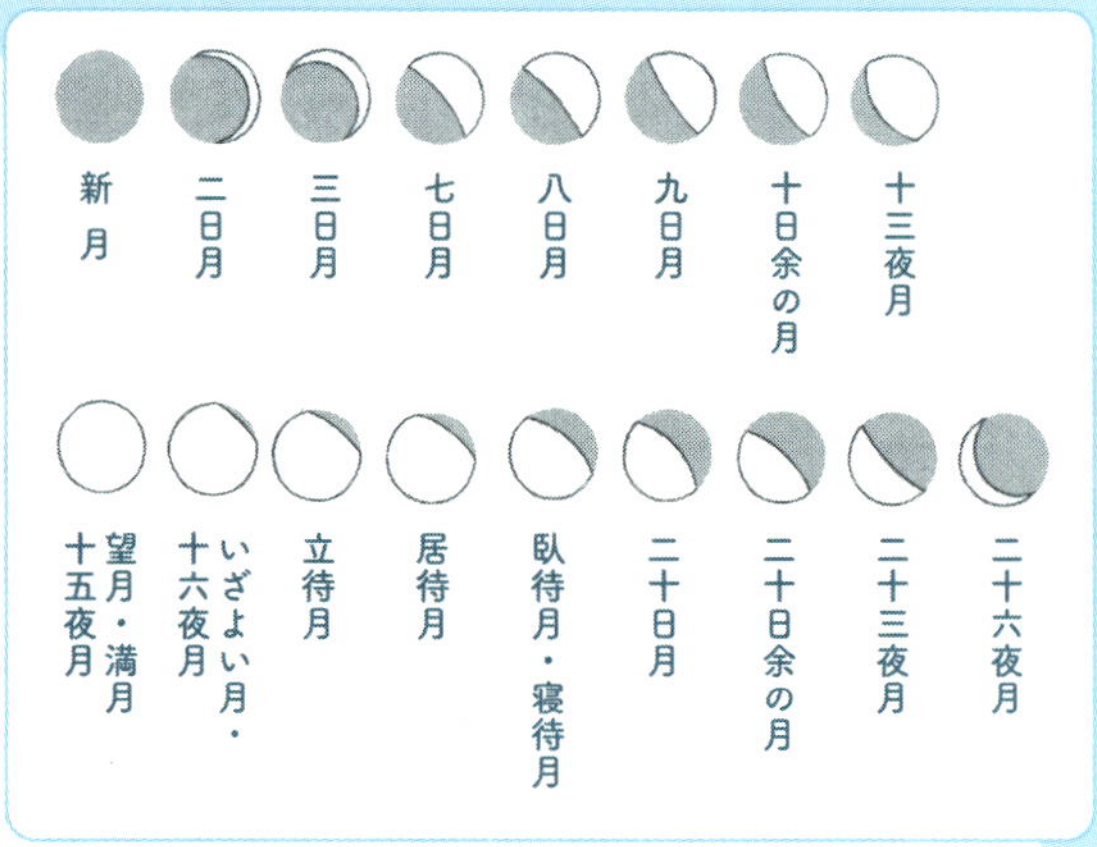

（エクササイズ9の答え　順に秋・春・夏・冬）

ここまでをまとめておきましょう。

ことばは万能ではなく、たとえば視覚情報を伝えるには、ことばではなくそのものを見てもらった方が圧倒的によく伝わります。けれど、ことばでしか伝えられないものがあります。「概念《がいねん》」です。「概念《がいねん》」とは、一つ一つのものは皆《みな》少しずつ違《ちが》っている中で、違《ちが》っているところを問題にしないで、それぞれの共通する部分をまとめていうものです。

たとえば、「人間」ということばも「概念《がいねん》」です。人は一人ひとりみんな少しずつ違《ちが》います。でも、一人ひとりの違《ちが》っているところをとりたてて問題にするのではなく、それぞれの共通するところ、たとえば、二足歩行をする、ことばをしゃべる、他とコミュニケーションをとる、大きな脳を持っており脳でものを考えたり思ったりする、集団で社会を作る……そんな動物を「人間」と呼ぼうというわけです。そこで初めて「ワタシとアナタは、違《ちが》うところがいっぱいあるけれど、同じ『人間』だよね」と言えるようになります。

では、「概念《がいねん》」を表すことばがなぜ人間には必要だったのでしょうか、ことばというものはなぜ、何のために生まれたのでしょう。

人は、ことばによって自分が生きている世界をつかみ、表現しようとしていたと言えるのです。少し難しいことばを使います。生きている世界をことばで認知し、理解するために「概念《がいねん》」を表すことばが必要だったのです。

人の生きている世界とは、外界だけではありません。「肩こり」の例のように身体感覚から心に湧《わ》き上がってくる感覚、生きている時間なども世界認知のためにことばにする対象でした。同じことば(概念《がいねん》)で世界を分けて認知をしている人同士(同じ言語を使用する人同士)は、コミュニケーションがスムーズにできます。

ことばはコミュニケーションのために生まれたのだと思っている人もいると思いますが、少なくとも世界を概念化《がいねんか》して認知することなくして、コミュニケーションはできません。

言語コミュニケーションの基盤《きばん》は、世界を概念化《がいねんか》して認識することにほかなりません。みなさんは英語の勉強もしていると思いますが、母語において、それができるようになってこそ、第二言語の学習が可能になります。だから、第二言語の力が母語の力を上回ることは絶対にありません。まずは、母語の習得を確実にしましょう。

ことばだけでは伝えられないこと

エクササイズ 10

「うれしい」と口にする場面を五通り考えましょう。

（1）まず、五通り考えてメモしましょう。

ずいぶん昔の話にはなりますが、これはある放送局のアナウンサー試験の課題として出されたものです。場面によって、声の大きさ、声音《こわね》などを変えて表現することになります。「場面によって」ですから、まず場面を考える必要があります。たとえば……。

①くじに当たるような幸運が舞《ま》い込《こ》んだときに「うれしい」と言う。

②何年もの間、毎日努力してきたことがようやく実を結んだときに口にする「うれしい」。

③大好きな人に、自分が欲しいと思うものをプレゼントしてもらったときに発する「うれしい」。

④相手から贈《おく》り物をもらったが、その人に対する感情も薄く、もらったものも特に欲しいものでもなかったけれど、儀礼的《ぎれいてき》に口にする「うれしい」。

⑤うれしいどころか、本当は悲しさや無念さが胸にあるけれど、周囲が喜んでくれるので、周囲に気をつかってあえて口にする「うれしい」。

①〜⑤がかなり違《ちが》った「うれしい」であるのはわかると思います。実際に

相手を目の前にして、顔を合わせてのことなら、声の大きさやことばを言うスピード、声音《こわね》などで自分の本当の感情が自分でもわかるし、相手にも読み取れる可能性があります。

エクササイズ 10

(2) ①〜⑤の「うれしい」を想定して、相手にどの「うれしい」か、わかるかどうか、実際にやってみましょう。

ＳＮＳなどによるメッセージではどうでしょう。「うれしい」は、「うれしい」ということば以上でも以下でもなくなります。どのケースの「うれしい」も、「うれしい」と文字にすれば同じになります。

一つのことばがさまざまな感情を表すだけでなく、一つのことばがさまざまな意味をもつこともあります。

みなさんは「大丈夫」ということばはどのように使いますか？

「大丈夫」ということばは、もともとは中国のことばで、(一)『名』(「だいじょうふ」とも)立派な男子。ますらお。丈夫をほめていう語(『精選版 日本国語大辞典』)。というのが、第一番目の意味です。ここから、いろいろな意味が派生していき、本来とはかけ離《はな》れた意味で使われることが多くなりました。場合によっては、この同じことばが正反対の意味で使われることまであります。

まずは、辞書にある意味を確認します。(『精選版 日本国語大辞典』)

(二)『形動』①きわめて丈夫であるさま。ひじょうにしっかりしているさま。ひじょうに気強いさま。丈夫(じょうぶ)。

②あぶなげのないさま。まちがいないさま。

(三)『副』まちがいなく。たしかに。心配はいらない。

[語誌] (1)「丈夫」の美称で本来は(一)の意味の漢語であったが、日本では(二)の形容動詞的な用法が中世末頃から発達した。明治時代の「言海」

「日本大辞書」では、「だいじょうふ」と「だいじょうぶ」とが別見出しになっており、前者は本来の意味を示し、後者は形容動詞や副詞的な用法を示す。

（2）「大丈夫」と「丈夫」とは、形容の語としてほぼ同じ意味用法であったが、近世に分化が起こった。明治以降「丈夫」が達者な状態や堅固なさまを表わすのに対し、「大丈夫」は危なげのないさまやまちがいのないさまを表わすという区別が明確になった。

語誌にあるように、今の日本で名詞としてこのことばを使うことはほとんどありません。形容動詞として使われる場合が多いのですが、もともと同じ意味で使われていたこのことばは、「大丈夫」と「丈夫」に分かれて別の意味で使われるようになります。

最近になって、「大丈夫」ということばは、さらに別の意味で使われることも多くなりました。

エクササイズ 11

SNSやメール上のメッセージの交換《こうかん》だと思ってください。次の「大丈夫!」を、あなたはどのような意味のメッセージととらえますか。

「ここ数年、お気に入りで冬になるとよく着ていた服があるんだ。でも、私、最近、体型が変わって着られなくなっちゃったの。あなたなら着られると思うからプレゼントしたいんだけど……」

「大丈夫!」

この大丈夫は正反対の二通りの意味にとらえられる可能性があります。

①「そんな気をつかわなくても『大丈夫』だよ。お古になることを気にしているのかもしれないけど、私、あなたの服がほしいな」

②「私に服をくれるってことだけど、私は私でたくさん服があるんだよね。そんな心配してくれなくても『大丈夫』。その服は要《い》らないよ」

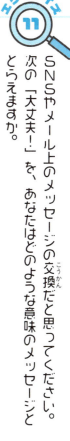

②のような使い方をしたことはありませんか。さきほどの辞書には、この用例は載《の》っていませんでしたが、「お断りの大丈夫」とも言われます。もともとは「心配は要《い》らない」という意味から派生した使い方だと思われます。この「大丈夫！(要《い》らないよ)」という「お断りの大丈夫」をよく使う人たちが増えています。さて、ＳＮＳやメールでお古の服のプレゼントを申し出た側は、どうしたらいいのでしょう。メッセージを送りなおして相手の真意を確認するか……、次に会うとき、とりあえず服を持っていくか……。

この節で、明らかになったことを振《ふ》り返りましょう。

まず、ことばというのは、状況依存的《じょうきょういぞんてき》なものであるということ。同じ「うれしい」ということばでも、そのときの状況《じょうきょう》や場面で、伝えられるものは変わります。すべてが喜びの気持ちの表現とはかぎりません。場面や状況《じょうきょう》の理解が必要になります。さらに、相手の気持ちを思いやることが必要になります。その相手の気持ちを想像する上では、そのときの声音《こわね》、声の大きさなども重要な判断の材料になります。

ことばが状況依存的《じょうきょういぞんてき》であるということとかかわりますが、同じことばが正反対の意味になることすらあります。SNSやメールなどでは、特に注意が必要です。エクササイズ11の他にも誤解が生じやすい例はたくさんあります。

たとえば……、友だち同士でふざけ合っていて、「おまえ、バカだな」と肩をたたけば、それは親愛表現の一つです。ところが、SNSやメールなどで単純に「おまえ、バカだな」と送れば、おそらく多くの場合、親愛表現とは受け取られにくいと思います。メッセージを送った側にその気がなくとも相手は馬鹿にされたと思うのではないでしょうか。

そういう点でもSNSやメールなどのメッセージに関しては、注意深くならないといけません。

言語の論理

先に、ことばによって伝えることは簡単ではないことについてお話ししました。視覚情報などをくわしくことばで伝えることは、大変難しいということでした。

では、ことばは何のために生まれたのか、どのようなものかということですが、それについては「言語コミュニケーションの基盤《きばん》」の節で説明をしました。個々それぞれの特徴《とくちょう》をひとまず置いておいて、共通する部分に注目して「概念化《がいねんか》」しないと、ことばとして通用しません。「概念化《がいねんか》」して世界を理解・把握《はあく》し、表現するために言語が生まれました。その言語の中で細かく分別され、たくさん語彙《ごい》があるのは生活に密接にかかわる領域でした。日本では、長く続いた農耕生活にかかわることばが多く見られました。

生活の在り方が異なれば、当然、世界の理解の仕方、ことばによる切り分け方も違《ちが》い、語彙《ごい》が異なります。みなさんは、英語の勉強をしていて、ある日本語の単語とある英語の単語は同じ意味だと思っていたら、指し示す範囲《はんい》がずいぶん違《ちが》うということに気が付いたことはありませんか。それはなぜでしょうか。今、お話ししたことがかかわっています。世界を理解していくその仕方、世界をことばによって切り分けるその切り分け方が、それぞれの言語によって異なるからです。

前節では、同じことばを使えば、同じ内容が伝わるとはかぎらないということを付け加えました。状況《じょうきょう》によって、ことばの意味が変わることもあるということです。そのことを少し難しいことばで言うと、言語は「状況依存《じょうきょういぞん》的《てき》」、「場面依存的《ばめんいぞんてき》」なものであると言います。中でも日本語は特に場面依存《ばめんいぞん》性《せい》の高い言語です。

さて、次に「論理」について明らかにしようと思います。言語でコミュニケーションをする場合、「論理」は欠かせません。「論理」がないことばの羅列《られつ》では、わけがわからなくなります。では、最初のエクササイズです。

エクササイズ 12

「論理」とは何ですか。自分のことばで説明してみましょう。説明できなければ辞書を引いて、確かめてください。そのうえで「論理的でない」とは、どういうことですか？

辞書による説明です。（『精選版　日本国語大辞典』）

ろん‐り【論理】〘名〙

①議論・思考・推理などを進めて行く筋道。思考の法則・形式。論証の仕方。

②物事の中にある道理。また、事物間の法則的なつながり。

③「ろんりがく（論理学）」の略。

いかがですか。辞書の編集者には失礼ですが、これを読んで、「ああ、そういうことを『論理』というのだな」とわかる人は、ほとんどいないのではないかと思います。かろうじて「議論・思考・推理などを進めて行く筋道」

という説明の最後の「すじみち」は少し理解できるのではないでしょうか。「論理的でない話」というのは、すじの通らない、つながりのはっきりしない、わけのわからない話ということになるなと。論理の反対語は、非論理ですが、これは支離滅裂《しりめつれつ》、無茶苦茶とほぼ同じ意味です。

もう少し「論理」について話しましょう。違《ちが》う方向からの話をします。もともと漢籍《かんせき》(中国の古典)に「論理」ということばはあったのですが、日本では明治以降、「ロジック」という英語の訳語として使われることが多くなります。そこで、この「ロジック」というのはどんなことばか、語源を調べてみました。

「ロジック」の語源は「ロゴス」というギリシャ語であったとわかります。「ロゴス」ということばの意味としては、「概念《がいねん》、論理、理論、思想」などが主なものですが、この単語には、同時に「ことば」や「理性」という意味もあります。

元来、論理と言語は一体のものです。論理のない言語はない、言語に論理は必ずつき従っているということです。話す、聞く、読む、書くなど、言語を使う場面には、論理はつきものです。相手と共通の論理のうえに、これらの言語活動が行われるからこそ通じ合えるわけです。
言語が違《ちが》っても、たとえば英語でもこの論理は変わりません。だからこそことばが通じます。論理の具体に入りましょう。

エクササイズ 13

「論理」の具体の一つは、「因果関係・理由付け」です。この論理の場合は、どのような接続詞を使いますか。

「因果関係・理由付け」とはどういうことかわかりますか。原因と結果、結論と理由がはっきり結びついていることをいいます。たとえば……。
昨日は、ひどい天気で大雨が降った。（原因）
だから、グラウンドに水たまりがあり、今日の野球の試合はできない。

（結果）

「因果関係」です。「だから」「したがって」「そのため」のような接続詞が代表的な接続詞です。理由付けは、順序が逆になります。

グラウンドのコンディション不良で、今日の野球の試合はできない。（結論）

なぜならば、昨日、大雨が降って、地面がぬかるんでいるからだ。（理由）

「理由付け」の場合、代表的な接続詞は「なぜならば（〜から）」。「その理由は」などでつなぐこともあります。

エクササイズ 14

論理は、「因果関係・理由付け」だけではありません。
他の関係を表す接続詞を挙《あ》げられるだけ挙《あ》げてみましょう。

どんな接続詞を思い出すことができましたか。そこから、「因果関係・理由付け」以外の論理関係を考えていきましょう。

①「しかし」「だが」「でも」「けれども」「ところが」「とはいうものの」……

②「また」「かつ」「まず」「次に」「さらに」「そして」「加えて」……

③「つまり」「すなわち」「要するに」「換言《かんげん》すれば」「いわば」……

④「たとえば」「具体的には」「どういうことかというと」「現に」……

その他にもいろいろ挙《あ》げられた人もいるでしょう。自分が挙《あ》げた接続詞がそれぞれどのような役割をしているか考えてみるといいと思います。接続詞の役割は重要です。接続詞でどのような論理を使っているか、わかることもよくあります。

さて、他の論理について説明しましょう。論理とか論理的という話をすると、根拠《こんきょ》があるかないかということを問題にし、根拠《こんきょ》＝理由、原因とだけ考えてしまう人が多いと思います。しかし、論理は、「因果関係・理由付け」だけではありません。今挙《あ》げた①〜④を使って、他の論理についても説明しましょう。

まず、①は「**対比・対立の関係**」を表す接続詞です。聞いたことがあると思います。①にあるのは、逆接の接続詞です。たとえば……。

昨日は、ひどい天気で大雨が降った。

しかし、水はけがよいグラウンドだったので試合は決行された。

言いたいことの力点は、「しかし」など逆接の接続詞のあとに来ます。このような単純な文だけでなく、多くの文をつらねた評論文でもよく使われる論理的な説得の方法でもあります。たとえば、西洋の国々と日本との集団の違《ちが》いをいう文章。

　西洋の国々で人々は、知らない人同士で社会を形成することを集団を作る時の当たり前としている。そのためエレベーターでたまたま一緒《いっしょ》になった人たちとも会釈《えしゃく》を交わし、挨拶《あいさつ》をするし、場合によっては会話を始めることがある。……

　しかし、日本ではそうではない。日本ではすでに知っている人同士だけが自分の仲間である。だから、エレベーターでたまたま乗り合わせた他の人と会話が始まるというようなことは滅多に起きない。みな押し黙《だま》ったままエレベーターに乗っている。……

このように「対比・対立の関係」の接続詞が使われた文章を読んだことがあるのではないでしょうか。短い文章でも長い文章でも変わらない重要なことがあります。このような文章を書いた人の言いたいことは、「しかし」などの逆接の接続詞のあとに書いてあることです。先の例文なら、日本人の集団の在り方について述べたいわけで、西洋の人々の在り方と等しい重みで比《ひ》較《かく》しているわけではありません。

もう一つ大切な論理的関係があります。「**イコールの関係**」と呼ばれるものです。たぶん知らず知らずのうちに、この「イコールの関係」を使った文章を書いたことも読んだこともあると思います。具体的に説明しましょう。

1　運動機能を持った生物を「動物」と言う。

2　たとえば、鳥は羽ばたくという運動により空を飛ぶ。

3　また、馬は運動して大地を力強く駆《か》け抜ける。

4　さらに言えば、人間もさまざまな運動機能を備えている。

1＝2＝3＝4の関係にあることがわかると思います。これは、1という抽象《ちゅうしょう》を具体例で説明しています。逆も成立します。

1　鳥は羽を運動させて空を飛ぶ。

2　馬は足を動かして大地を駆《か》け抜ける。

3　人間も主に手足を動かし、さまざまな運動をする。

4　つまり、運動機能を持っている生き物を「動物」と言う。

同じように1＝2＝3＝4の関係にありますが、具体例から抽象《ちゅうしょう》へという順序が違《ちが》います。ここで少し難しいことばを覚えてください。

抽象《ちゅうしょう》から具体という話の流れを「演繹法《えんえきほう》」と言います。逆に具体から抽《ちゅう》象《しょう》を「帰納法《きのうほう》」と言います。この場合の具体には、自他の「体験」、文章の引用なども含まれることがあります。自分の体験をもとに書いたとか、誰かの言っていることを引用して書いたとか、あなたにも経験があるのではないでしょうか。

比喩《ひゆ》もまた「イコールの論理」の一つです。

A　彼女の瞳《ひとみ》は大変美しい。

B　彼女の瞳《ひとみ》はダイヤモンドのようだ。

AとBとは、イコールの関係にあります。文学作品では、暗喩《あんゆ》、明喩《めいゆ》にかかわらず、この比喩《ひゆ》をよく使います。比喩《ひゆ》がたくさん使われているからといって、もちろん非論理的ということはありません。

付け加えておきます。②の接続詞のことです。このような接続詞のことを「添加《てんか》」「累加《るいか》」の接続詞と言います。数学の記号でいえば、「+」に当たります。

「因果関係・理由付け」「対比・対立の関係」「イコールの関係」。論理にはこの三つしかないと初めて言ったのは、現代文講師、出口汪《でぐちひろし》さんです。ここが大事なところですが、この論理については、日本語にかぎりません。「英語」も、同じ論理で話され、同じ論理で文章も書かれているのです。だからこそ、翻訳《ほんやく》すれば話が伝わるのです。

余談ですが、純粋論理の学問である「数学」においても論理は変わりません。基本的に、数学的な思考もこの三つの論理でなされます。思い出しませんか、数学の記号のこと。∴(ゆえに)をはじめとして、「なぜなら」にも数学としての記号(∵)がありますし、＋－＝もあります。数学においても、具体から抽象《ちゅうしょう》を帰納法《きのうほう》、抽象《ちゅうしょう》から具体を演繹法《えんえきほう》と言います。論理は万国共通です。

エクササイズ 15

「因果関係・理由付け」「対比・対立の関係」「イコールの関係」三つの論理的関係を使って短文を作ってみましょう。

2部のまとめ

- ことばは、万能ではありません。視覚情報をすべてことばにして伝えることはできません。

- 一方で、ことばでないと伝えることができないものもあります。その代表は「概念《がいねん》」です。
- 言語によって、生きている世界のとらえ方、ことばによる世界の理解の仕方は異なります。
- その言語を使う人々の生活に密接にかかわる領域のことばが多くなります。
- 同じ「うれしい」ということばを口にしていても、その意味は異なることがあります。
- 同じ「大丈夫」ということばが正反対の意味で使われることもあります。

●「論理」とは話の筋道のことです。ことばは、論理とともに用いられることでコミュニケーションの道具として働きます。

●論理には三つの論理関係があります。「因果関係、理由付け」「対比・対立の関係」「イコールの関係」の三つです。

ことばによるコミュニケーションの基盤《きばん》を理解するために、エクササイズ1～15をやってみてください。

◎参考図書

・『なぜ国語を学ぶのか』村上慎一、岩波ジュニア新書
・『読解力を身につける』村上慎一、岩波ジュニア新書
・『子どもの頭がグンと良くなる！ 国語の力』出口汪《でぐちひろし》、水王舎

手紙5◉村上先生から兵藤先生へ

兵藤 様

今回は少し突拍子《とっぴょうし》もない話からしたいと思います。

神聖ローマ皇帝《こうてい》フリードリヒII世（1194〜1250）の実験は、ご存じでしょうか。細かな数字などは異同があるので、その部分は省いて概要《がいよう》をお話ししますね。

彼《かれ》は、人類の言語の起源に興味を持って、一つの実験を行います。生まれたばかりで捨てられた赤ちゃんを何人か選んで、乳母《うば》に面倒《めんどう》をみさせます。おむつ替《が》え、ミルク、風呂《ふろ》など、生命維持《いじ》に必要なことは乳母《うば》にさせます。と同時に次のように厳命《げんめい》するのです。

- 赤ちゃんの目を見てはならない
- 赤ちゃんに笑いかけてはいけない
- 赤ちゃんに話しかけてはいけない

人間的な接触《せっしょく》を禁じたということです。この条件で赤ちゃんは最初にどんなことばを発するか、実験で確かめようということでした。この話を聞いて、私がまず思ったのは、賢帝《けんてい》とか呼ばれていたらしいけど、この皇帝《こうてい》はバカだな、ことばは親などからのことばがけやスキンシップがあって初めて身につく、どんなことばもしゃべるはずないじゃないかというものでした。しかし、結果は私の予想よりもはるかに悲惨《ひさん》でした。全員ことばを発するまでに死亡。諸説ありますが、いずれも1歳《さい》から3歳《さい》までにほとんど死亡という結果でした。唖然《あぜん》としました。生命維持《いじ》に必要なことが整っているだけでは人間は生きる気力が湧《わ》かず、生きていくことができなくなるのだなと驚《おどろ》きました。

最初の手紙に書きました。生物としてのヒトが人間として生きていくためには「間」が必要だと。「間」のためには、もう一人人間が要《い》ると。そういうことを強く考えるようになったのは、この実験の結果を聞いてからです。

さらに、こんなこともよく考えるようになりました。衣食住という「生活」が充実《じゅうじつ》しているだけでは、よく生きることはできないのだな、「人生」

は豊かにならないのだなと。「人生」の豊かさは、人それぞれであってよいとは思いますが、人間関係は確実にその中心にあるのだろうなとも思いました。

非言語コミュニケーションであれ、言語コミュニケーションであれ、コミュニケーションは、その人間関係を作るのに必要である、守るのに必要である、人間関係を高めるのに必要である、とも考えるようになりました。それがこの本を作る大きな動機でもありました。

では、自分の成長にも他者の成長にも大切な意味を持つような人間関係とはどういうものでしょう？　それが成立していれば、コミュニケーションはスムーズに始まり、よりよく展開するはずです。また、その関係はさらによくなるはずです。そのような関係のことを英語では「ラポール」とか「ラポート」とか言います。日本語で言うと、「信頼関係」ですね。これがコミュニケーションのスタートにもゴールにもなりうるものです。

同じような身体表現であっても、伝わるものは、その関係によってかなり違《ちが》います。同じことばを発していても、それが誰の口から語られているかによって、受け手の感じ方は全く違《ちが》ったものになることがありえます。
コミュニケーションのスタートにもゴールにもなりえて、伝わるものが変わってしまう、人間関係とはそういうものですよね。中学生のみなさんには、ぜひそういうことを意識してもらいたいというのが、私の強い願いです。

村上慎一

手紙6◉兵藤先生から村上先生へ

村上先生

わたしは、昼間《ちゅうかん》定時制高校に二〇年勤めています。随分《ずいぶん》長くなりました。
長く勤める間に、生徒の様子も変わりました。

在校生の約六割が、中学校や前にいた高校で不登校を経験した生徒。これが長い間、ウチの高校の生徒像でした。先生が知っている生徒像ですね。

今はちがいます。

不登校経験者は今もたくさん通って来ています。でも、もっと多様な生徒が入学してくるようになった、というのがわたしの実感です。

たとえば、外国籍《がいこくせき》の生徒。わたしのクラスの三分の一は外国籍《がいこくせき》の生徒です。他には障がいのある生徒もいます。経済的に困難を抱《かか》えている生徒もいます。不登校だったわけではないけれども、さまざまな理由で集団に馴染《なじ》めなかった生徒も幾人《いくにん》もいます……。

コミュニケーションについて考えるとき、わたしはいつも、目の前にいる生徒を思い浮《う》かべます。

演劇表現という授業を始めた頃《ころ》、わたしが語りかける相手は、人が苦手な、人目が怖《こわ》い、不登校を経験した生徒たちでした。

彼《かれ》らが人交わりできるようになるために、そうして自分で喰《く》って行けるようになるために、必要なチカラを身につけさせたい。それは一体どんなチカラなのか。そう考え、試行錯誤《しこうさくご》しながら、授業を作り上げてきました。

目の前の生徒が多様になった今、一旦《いったん》は編み上げた演劇表現の授業内容にも、おのずと変化が生じました。語りかける生徒が変わったのです。授業内容も変わっていくに決まっています。

多様な、自分と違《ちが》うタイプの人間といかにいっしょにやっていくか。しかも自分を見失わずに。そうして、どのタイプの生徒も、多様で、答えのない世界の中で、なんとか生き延《の》びていけるように。そのためにはどんなチカラを身につければいいのか。

これが現在の、わたしの課題です。

従来の演劇表現の授業は、非言語コミュニケーション(ことば以前のコミュニケーション)に的を絞《しぼ》って展開してきました。しかし、対象となる生徒が変わった今、従来の内容だけでは十分でなくなりました。そこで、新しく学校設定科目を立ち上げることにしました。「リベラルアーツ国語」という科目です。ウチの学校の三年生は、全員この授業を受けます。

「リベラルアーツ国語」では、演劇表現の授業で培《つちか》った「ことば以前のコミュニケーション」を土台として、その上に「ことばによるコミュニケーション」を積み上げます。自分とタイプの違《ちが》う生徒同士が力を合わせて、答えのない問いに向かって、いっしょに立ち向かう演習を行います。

この授業をわたしは試行錯誤《しこうさくご》しながら作っている最中です。

「リベラルアーツ」とは、自由になるための技のことです。言語、非言語両方のコミュニケーションを身につけることこそが、人が自由に生きることを保障するのだとわたしは確信しています。

兵藤友彦

おわりに

中学生のみなさんへ

みなさんは、コミュニケーションについて、苦手意識を持っていますか。持っているという人も、そんなに深刻に悩《なや》まないでくださいね。

うまく話せないんだとコンプレックスを持っている人はいますか。

ぼく（兵藤）は芝居をつくったり、演劇表現というレッスンをやったりして、本当にいろんな人たちと出会ってきました。口下手でも魅力的《みりょくてき》な人はたくさんいましたよ。だから、上手く話せなくても大丈夫です。

みなさんには親友はいますか。親友はいいですよね。なんでも話せる。いっしょにいて気分がいい。安心できる。

でもね、とぼくは思うのです。

大人になると親友とだけつきあっているわけにはいかなくなります。

大して仲の良くない人、苦手な人ともなんとかやっていかなくてはいけなくなります。

え？　中学の今のクラスでもそんなふうなのですか。

そうかもしれませんね。学校って、同じ年齢《ねんれい》というだけで、同じクラスに入れられて、隣《となり》の席に座らされて、いっしょに勉強したり、生活したりするわけですから、もしかしたら、大人の社会よりもシンドイかもしれませんね。

自分とちがうタイプの人、親友じゃない人とどうやったら上手くやっていけるか。みなさんが自分を大事にしながら、どうやったら、世の中に（みなさんにとっては、クラスが世の中そのものなのかもしれませんね）取りついていけるか。そのために身につけた方がいいコミュニケーション力ってなにか。それをいっしょに考えたくて、私たちはこの本を書きました。読んでくれたみなさん、レッスンを実際にやってくれたみなさん、本当にありがとう。

兵藤友彦・村上慎一

兵藤友彦

1964年愛知県生まれ。高校教諭。NPO法人C,A,ワークス理事長。演劇的手法によるコミュニケーションの授業「演劇表現」、「リベラルアーツ国語」を設立。中日教育賞等受賞多数。

村上慎一

1960年生まれ。名古屋外国語大学教授。愛知県出身、大府市立中学校、愛知県立岡崎高等学校等で長年にわたり国語を教えたのち愛知県立高等学校で校長を務めた。著書『なぜ国語を学ぶのか』『読解力を身につける』等。

岩波ジュニアスタートブックス
コミュニケーションの準備体操

2024年10月11日　第1刷発行

著　者　兵藤《ひょうどう》友彦《ともひこ》　村上《むらかみ》慎一《しんいち》

発行者　坂本政謙

発行所　株式会社 岩波書店
〒101-8002 東京都千代田区一ツ橋 2-5-5
電話案内 03-5210-4000
https://www.iwanami.co.jp/

印刷・三秀舎　製本・中永製本

ISBN 978-4-00-027259-9　NDC 810　Printed in Japan